ARBEITSHEFT ZUR
LITERATURGESCHICHTE

REALISMUS

TEXTE · ÜBUNGEN

HERAUSGEGEBEN VON REINHARD LINDENHAHN
ERARBEITET VON DOROTHEE WEYMANN

Cornelsen

Redaktion: Petra Bowien, Ingeborg Herchen
Gestaltung und technische Umsetzung: Julia Walch, Bad Soden

www.cornelsen.de

2. Auflage, 4. Druck 2020

© 1999 Cornelsen Verlag, Berlin
© 2016 Cornelsen Schulverlage GmbH, Berlin

Das Werk und seine Teile sind urheberrechtlich geschützt.
Jede Nutzung in anderen als den gesetzlich zugelassenen Fällen bedarf der vorherigen schriftlichen
Einwilligung des Verlages. Hinweis zu §§ 60a, 60b UrhG: Weder das Werk noch seine Teile dürfen ohne
eine solche Einwilligung an Schulen oder in Unterrichts- und Lehrmedien (§ 60b Abs. 3 UrhG) vervielfältigt,
insbesondere kopiert oder eingescannt, verbreitet oder in ein Netzwerk eingestellt oder sonst öffentlich
zugänglich gemacht oder wiedergegeben werden. Dies gilt auch für Intranets von Schulen.

Druck: H. Heenemann, Berlin

ISBN 978-3-464-61156-2

PEFC zertifiziert
Dieses Produkt stammt aus nachhaltig
bewirtschafteten Wäldern und kontrollierten
Quellen.

www.pefc.de

Inhalt

… etwas zu erzählen 5
(Vorwort)

„Widerspiegelung alles wirklichen Lebens" 7
(Basistexte)
Gustav Freytag: *Soll und Haben* 8
Wilhelm Raabe: *Die Chronik der Sperlingsgasse* 10
Gottfried Keller: *Die missbrauchten Liebesbriefe* 13
Theodor Storm: *Meeresstrand* 15
Conrad Ferdinand Meyer: *Der römische Brunnen* 18
Theodor Fontane: *Die Brück' am Tay* 20
Theodor Fontane: *Unsere lyrische und epische Poesie seit 1848* 23

Der Einzelne und die anderen 26
(Fontanes *Effi Briest* als Gesellschaftsporträt der Zeit)
„Immer Tochter der Luft" – Die junge Effi Briest 26
„Ein Mann von Prinzipien" – Innstettens „Trotzdem" 30
„Ein zu weites Feld" – Ambivalenz und Resignation
am Ende des Romans 34

Unzeitgemäße Tragik 40
(Hebbel: *Agnes Bernauer*)
Das Todesurteil: Die Ankläger 41
Das Todesurteil: Die Angeklagte 44
Das Lied von der „Agnes Bernauerin" 46

Das Labyrinth der Wirklichkeit 48
(Adolph Menzel)
Der Augenzeuge Menzel 49
Vom Historischen zum zeitgenössischen Alltag 51

Die Korrektheit der Linien 54
(Fotografie im Realismus)

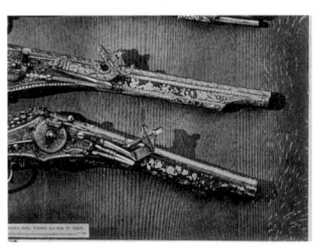

Der Aufstieg des Bürgertums 58
(Industrie und Bürgertum)
Industriebürgertum 58
Salonfähige Technik 59
Vom Handwerker zum Unternehmer 60
Es klappert die Mühle am rauschenden Bach … 63

„Weiber weiblich, Männer männlich" 65
(Frauenbilder im Realismus)
Die fallen gelassene Frau 66
Die Gattin, Mutter und Hausfrau 67

Das literarische Umfeld 73
(Literatur als Ware)
Bücher – lesen, schreiben und besitzen 74
Prachtwerke 77
Literatur als Massenware: Die Familienzeitschriften 79

Der Realismus im europäischen Ausland 83
Balzac, Honoré de 83
Flaubert, Gustave 83
Stendhal, eigentlich Marie Henri Beyle 83
Dostojewski, Fjodor Michailowitsch 84
Tolstoi, Lew (Leo) Nikolajewitsch Graf 84
Dickens, Charles 84
Elliot, George (eigentlich Mary Ann Evans) 84
Scott, Walter (ab 1820 Sir) 84

Wer war's? 85
(Rätselhaftes)

Verzeichnisse 87
Bildquellenverzeichnis 87
Textquellenverzeichnis 87

... etwas zu erzählen

> „Man betrat den Boden der Tatsachen und damit gab es wieder etwas zu erzählen."

So kurz und prägnant beschrieb Richard G. Spiller von Hauenschild, ein viel gelesener Autor seiner Zeit, 1854 die Freude und das Bedürfnis, Geschichten aus der eigenen Gegenwart zu erzählen – und offenbar auch zu lesen. Eben nicht um den Ausbruch aus einer als beengend empfundenen Normalität der Gegenwart ging es den Schriftstellern und deren Lesepublikum, sondern um ein Wiederfinden ebendieser eigenen Welt im Buch. Selbstbestätigung und Rückversicherung standen im Mittelpunkt der Schreib- und Leseintentionen der zweiten Hälfte des 19. Jahrhunderts, in dem ein Literaturmarkt von vorher nie gekannter Größe entstand. Man las – und meistens alles, was einem in die Hände fiel, ob gekauft oder nur geliehen. Die „Klassiker" wurden erstmals zu erschwinglichen Preisen verkauft, Übersetzungen überfluteten Buchhändlertische und Leihbibliotheksregale, und die sich gerade als neue Form etablierenden Familienzeitschriften druckten alles, was in irgendeiner Form von allgemeinem Interesse sein konnte. Erzählt wurde in vielen Texten unterschiedlichster Qualität – immer wieder von Durchschnittsmenschen. Die handelnden Figuren sind keine Heroen und ihre Konflikte oftmals die des Individuums mit der Gesellschaft. Angesichts dieser großen Nachfrage nach Geschichten ist es sicherlich kein Zufall, dass sich Ballade, Novelle und natürlich der Roman als erzählende Formen besonderer Beliebtheit erfreuten.

EINE NEUE KONZEPTION VON LITERATURGESCHICHTE

Dieses Heft will dagegen nicht einfach nur „Lesefutter" aus der Zeit des Realismus bieten. Neben zahlreichen Texten der Epoche und theoretischen Überlegungen der Zeitgenossen werden in diesem Heft kultur- und sozialgeschichtliche Aspekte herangezogen, die die Kontextualisierung der realistischen Literatur in ihrer eignen Zeit erleichtern. Und mehr noch: Das Heft wurde bewusst nicht als reine Textsammlung, sondern als Arbeitsheft angelegt. Wir möchten, dass unsere Leserinnen und Leser mehr tun, als nur zu lesen. Wer einen Text nicht nur liest, sondern an ihm arbeitet, dringt tiefer in ihn ein. Deshalb gibt es in diesem Heft auch kreative Aufgaben (sie sind durch eine Schreibfeder gekennzeichnet), die dazu auffordern, selbst tätig zu werden und den Text aus-, um- oder nachzugestalten. Und da dies ein Arbeitsheft ist, ist es auch erwünscht, darin z. B. Texte zu gliedern, Stellen zu markieren oder Bemerkungen an den Rand zu schreiben. Diejenigen Aufgaben, die den Leserinnen und Lesern zeigen sollen, wie man am Text arbeitet, erkennt man an einem Bleistift. Und wenn man dann einen Text erarbeitet hat, ist man auch sicher genug, eigene Gedanken dazu zu entwickeln, über die Texte und ihren Bezug zur Gegenwart zu diskutieren und Fragen dazu zu erörtern (dafür steht das „E"). Zum richtigen Lesen gehört aber auch, sich selbstständig weitergehend zu informieren und diese Informationen unter Umständen an andere in Form von Kurzreferaten weiterzugeben. Auch dafür gibt es einen Hinweis.

ZUM AUFBAU DES ARBEITSHEFTES

Auch in Bezug auf seinen Aufbau will das Arbeitsheft dem Anspruch gerecht werden, nicht nur Informationen zu vermitteln, sondern auch Spaß an (älterer) Literatur zu wecken. So sind die Kapitel in drei Kategorien einzuteilen: Das Basiskapitel spricht die wichtigsten Themen der Epoche an, exemplarisch veranschaulicht an einigen kurzen und prägnanten Texten, die die Eigenart des Realismus in besonderem Maße transparent machen.

Die zweite Kategorie bilden jene Kapitel, die die ersten ergänzen und vertiefen. Die Textauswahl erfolgte hier wie überhaupt im ganzen Arbeitsheft nach den Kriterien der Aussagekraft, Repräsentativität und Originalität. Die Texte werden jeweils ergänzt durch die Kurzbiografie des entsprechenden Dichters.

Im dritten Teil finden sich Texte zum Umfeld der Epoche. Da die wirtschaftliche und die technische Entwicklung für die Zeit und damit auch für die Literatur prägend waren, werden sie hier ausführlich dargestellt. Der Realismus wird aber auch durch die Persönlichkeit der realistischen Dichter und Autoren bestimmt. Somit schließt das Rätsel am Ende, das die Realisten aus anderer Perspektive beschreibt, den Kreis. Wer das Rätsel lösen kann, hat gründlich gelesen!

Dem Arbeitsheft beigelegt ist ein Extrateil mit Lösungshinweisen, wobei zu den ersten Kapiteln noch detailliertere Lösungsvorschläge gemacht werden als bei den späteren Kapiteln, denn nun wird vorausgesetzt, dass sich die Leserin bzw. der Leser schon so in die Epoche eingearbeitet hat, dass es keines ganz ausführlichen Kommentars mehr bedarf. Diese späteren Kapitel eignen sich auch vorzüglich als Grundlage für Referate oder für die eigenständige Beschäftigung der Schülerinnen und Schüler mit der Epoche.

DAS PROBLEM DER EPOCHENBILDUNG

Die Einteilung der Literatur einer Zeit in Strömungen und Epochen birgt das Problem in sich, dass Zusammengehörendes getrennt wird. Jede Art der Einteilung von Literaturgeschichte in Epochen hat etwas Vorläufiges und Unbefriedigendes, weil sie scharfe Grenzen vortäuscht, wo fast nahtlose Übergänge sind, und weil sie eventuelle Zusammenhänge zwischen den Epochen missachtet. Darüber hinaus erweckt das Postulat verschiedener Epochen häufig den Eindruck, diese lösten sich gegenseitig ab. Das Gleichzeitige des Unterschiedlichen wird damit vernachlässigt. Manche Literaturwissenschaftler gehen mit gewissem Recht sogar so weit, alle Epochen nach 1800 als Stadien der Aufklärung zu verstehen, als Reaktionen auf eine zentrale Entwicklung der deutschen Geistesgeschichten, die selbst dann noch latent weiterwirken, wenn ihre eigentlichen Vertreter schon längst gestorben sind.

Hinzu kommt, dass die literarischen Epochen im europäischen Ausland zum Teil völlig anders benannt oder eingeteilt werden und dass auch die Epochenbezeichnungen der Kunst- und Musikgeschichte nicht unbedingt mit denen der Literaturgeschichte übereinstimmen.

Wenn in der Reihe *Arbeitshefte zur Literaturgeschichte* trotz aller Bedenken an einer Unterteilung in Epochen festgehalten wird, so deshalb, weil gerade für Schulbücher Voltaires Satz „Jede Art des Schreibens ist erlaubt, nur nicht die langweilige" in ganz besonderem Maße gilt. Literaturgeschichte soll hier zunächst einmal übersichtlich und verständlich sein, wissenschaftlich fundiert, aber ohne akademische Schnörkel. Die Beschäftigung mit älterer Literatur soll Spaß machen, soll ihre Aktualität zeigen, sodass diese nicht als nutzloser Bildungsballast, sondern in ihrer Geschichtlichkeit als Teil und Voraussetzung heutiger Denk- und Lebensformen verstanden werden kann.

Von diesen Überlegungen ausgehend, wird die herkömmliche Einteilung der deutschen Literaturgeschichte in Epochen der Übersichtlichkeit und Einfachheit wegen zwar beibehalten, gleichwohl aber versucht, durch die Textauswahl die notwendigen Bezüge zwischen den Epochen, das Verbindende, herzustellen.

„Widerspiegelung alles wirklichen Lebens"

„Realistisch" – eigentlich ein Wort, das fest in unserem normalen Wortschatz verankert ist. Eine Geschichte, ein Film ist „realistisch", eine reißerische Zeitungsmeldung wird als „unrealistisch" abgetan. Im täglichen Sprachgebrauch sind wir uns der Bedeutung von „realistisch" als „nahe an der Wirklichkeit" oder sogar „der Wirklichkeit entsprechend" ziemlich sicher. So können wir uns auch unter einem „Realisten" jemanden vorstellen, der – anders als der Romantiker oder die Idealistin – mit beiden Füßen im Leben steht, sich weniger von hehren Idealen oder gefühlvoll-fantastischen Träumereien leiten lässt, sondern auf die Stimme der praktischen Vernunft hört, sich den Gegebenheiten anpasst, keine utopischen Erwartungen hat ...

Jan van Huysum, Stillleben mit Früchten, Blumen und Insekten, 1735

Doch ähnlich wie der Begriff „Romantik" führt auch der Begriff „Realismus" ein Doppelleben. Zum einen beschreibt er als allgemeines, epochenübergreifendes Stilmerkmal eine besondere Naturtreue in der künstlerischen Wiedergabe. So wird zum Beispiel von Stillleben aus dem 17. Jahrhundert erzählt, dass die authentische Darstellung von Früchten Vögel anlockte, die dann versuchten, an den Beeren zu picken. Zum anderen hat sich „Realismus" als Epochenbegriff für einen großen Teil der europäischen Kunst und Literatur im 19. Jahrhundert durchgesetzt, eine Zuordnung, die auf die Wirklichkeitsnähe, die diese Werke auszeichnet, Bezug nimmt.

In Deutschland wird mit „Realismus" im engeren Sinne das künstlerische und literarische Schaffen der Zeit zirka zwischen 1848 und 1890 beschrieben, wobei auch in anderen Bereichen des kulturellen und politischen Lebens eine für die Zeit charakteristische realistische Grundhaltung dominiert, so etwa Reichskanzler Bismarcks „Realpolitik". Bürgerliche Autoren, selbst von den Erfahrungen der gescheiterten Revolution 1848/49 erschüttert, schreiben nun für ein bürgerliches Lesepublikum, das sich völlig aus der Politik zurückgezogen hat und sich hauptsächlich über ökonomischen Erfolg definiert. Literatur dient hier der Selbstbestätigung, nicht dem Ausbruch in mythisch-märchenhafte Traumwelten oder der direkten Gegenwartskritik. Da Sehnsucht nach Ruhe und Ordnung sowie Konzentration auf das Hier und Jetzt die Lebensführung bestimmen, beschränken sich Veränderungswünsche auf realisierbare Forderungen und führen zu einer sprunghaften wirtschaftlichen und technischen Weiterentwicklung. So durch äußere Erfolge in seiner Selbstbeschränkung bestätigt, gewinnt das Bürgertum nicht nur an Geld und Besitz, sondern auch an Selbstbewusstsein, das sich wiederum in der es umgebenden Kultur und Literatur widergespiegelt sehen will.

vgl. S. 58 ff.

vgl. S. 73 ff.

„Realismus" wird zur programmatischen Forderung für die nun entstehende Literatur, die sich thematisch an Gegenwart, an erfahrbarer Wirklichkeit und den Dingen des Alltags orientieren soll. Und es sind Zeitschriften wie „Die Grenzboten", die von Julian Schmidt und Gustav Freytag seit Mitte 1848 herausgegeben werden, die es sich zur Aufgabe gemacht haben, den Literaturbetrieb in diesem Sinne zu beeinflussen.

Realismus in der literarischen Abbildung bedeutet jedoch nicht nüchterne, unreflektierte Eins-zu-eins-Wiedergabe des Vorgefundenen. Julian Schmidt, einer der Haupttheoretiker dieses programmatischen Realismus, fordert neben Gegenwartsbezug die Darstellung des Wesentlichen und den Ausschluss des Zufälligen:

„Der *Zweck* der Kunst, namentlich der Dichtkunst, ist, Ideale aufzustellen, d. h. Gestalten und Geschichte, deren Realität man wünschen muss, weil sie uns erheben, begeistern, ergötzen, belustigen usw.; das *Mittel* der Kunst ist Realismus, d. h. eine der Natur abgelauschte Wahrheit, die uns überzeugt, sodass wir an die künstlerischen Ideale *glauben*. […]"

Neben dem Wahrscheinlichkeitsgehalt ist auch der Vorbildcharakter des Erzählten, das Ideal, ausschlaggebend. Besonderer Wert wird entsprechend auf Ausgewogenheit in der Komposition und Sprachwahl gelegt. Die einzelnen Motive, Figuren und dargestellten Konflikte haben sich zu einem großen, harmonischen Ganzen zusammenzufügen. So postuliert Gustav Freytag in den „Grenzboten" 1854:

vgl. S. 60

Wir fordern vom Roman, dass er eine Begebenheit erzähle, welche, in allen ihren Teilen verständlich, durch den inneren Zusammenhang der Teile als eine geschlossene Einheit erscheint und deshalb eine bestimmte einheitliche Färbung in Stil, Schilderung und Charakteristik der darin auftretenden Personen möglich macht. Diese innere Einheit, der Zusammenhang der Begebenheit in dem Roman muss sich entwickeln aus den dargestellten Persönlichkeiten und dem logischen Zwang der ihm zu Grunde liegenden Verhältnisse. Dadurch entsteht dem Leser das behagliche Gefühl der Sicherheit und Freiheit. […]

GUSTAV FREYTAG: SOLL UND HABEN

Freytags eigener Roman „Soll und Haben" (1855) folgt diesen Forderungen und wird von zeitgenössischen Literaturkritikern erstmals durchgängig als „realistisch" bezeichnet. Erzählt wird die Aufstiegsgeschichte Anton Wohlfarts in den 40er-Jahren des 19. Jahrhunderts vom Lehrjungen zum Mitinhaber eines Handelshauses. Der Titel selbst verweist auf die Vorrangstellung des ökonomischen Bereichs. Bürgerliche Arbeitsethik, Ideale wie Ordnung, Pflichteifer, Gehorsam, Realitätssinn und Selbstbeschränkung prägen Wohlfarts Bildungsgang, dessen Erfolg und Richtigkeit durch Kontrastierung mit klischeehaft ausgestalteten negativen Figuren – Adlige, Polen und Juden – unterstrichen werden.

Auch wenn Freytags Roman in seiner treuen Umsetzung theoretischer Vorüberlegungen eine Ausnahme bleibt – die thematische Verankerung der Werke in der bürgerlichen Lebenswelt mit ihren Wertvorstellungen bleibt zeittypisch und Merkmal der nun entstehenden Literatur. Der Roman wird ein Bestseller und gilt als Vorbild für die Produktion populärer Literatur. Er beginnt folgendermaßen:

Erstes Buch

Ostrau ist eine kleine Kreisstadt unweit der Oder, bis nach Polen hinein berühmt durch ihr Gymnasium und süße Pfefferkuchen, welche dort noch mit einer Fülle von unverfälschtem Honig gebacken werden. In diesem altväterischen Orte lebte vor einer Reihe von Jahren der königliche Kalkulator Wohlfart, der für seinen König schwärmte, seine Mitmenschen – mit Ausnahme von zwei Ostrauer Spitzbuben und einem groben Strumpfwirker – herzlich liebte und in seiner sauren Amtstätigkeit viele Veranlassung zu heimlicher Freude und zu demütigem Stolze fand. Er hatte spät geheiratet, bewohnte mit seiner Frau ein kleines Haus und hielt den kleinen Garten eigenhändig in Ordnung. Leider blieb diese glückliche Ehe durch mehrere Jahre kinderlos. Endlich begab es sich, dass die Frau Kalkulatorin ihre weißbaumwollene Bettgardine mit einer breiten Krause und zwei großen Quasten verzierte und unter der höchsten Billigung aller Freundinnen auf einige Wochen dahinter verschwand, gerade nachdem sie die letzte Falte zurechtgestrichen und sich überzeugt hatte, dass die Gardine von untadelhafter Wäsche war. Hinter der weißen Gardine wurde der Held dieser Erzählung geboren.

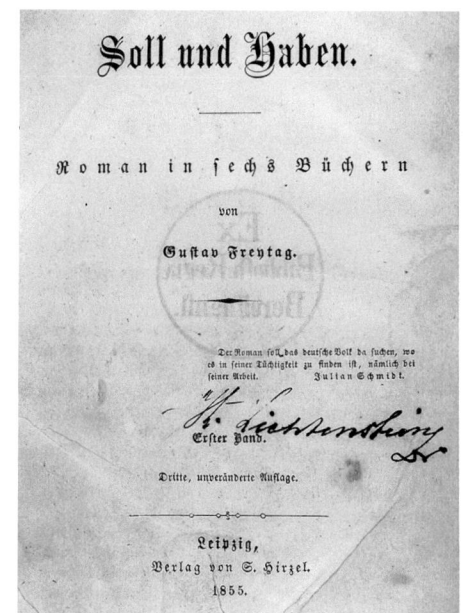

Anton war ein gutes Kind, das nach der Ansicht seiner Mutter vom ersten Tage seines Lebens die staunenswertesten Eigenschaften zeigte. Abgesehen davon, dass er sich lange Zeit nicht entschließen konnte, die Speisen mit der Höhlung des Löffels zu fassen, sondern hartnäckig die Ansicht festhielt, dass der Griff dazu geeigneter sei, und abgesehen davon, dass er eine unerklärliche Vorliebe für die Troddel auf dem schwarzen Käppchen seines Vaters zeigte und das Käppchen mit Hilfe des Kindermädchens alle Tage heimlich vom Kopf des Vaters abhob und ihm lachend wieder aufsetzte, erwies er sich auch bei wichtigerer Gelegenheit als ein einziges Kind, das noch nie da gewesen. Er war am Abend sehr schwierig ins Bett zu bringen und bat, wenn die Abendglocke läutete, manchmal mit gefalteten Händen, ihn noch herumlaufen zu lassen; er konnte stundenlang vor seinem Bilderbuch kauern und mit dem roten Gockelhahn auf der letzten Seite eine Unterhaltung führen, worin er diesen wiederholt seiner Liebe versicherte und dringend aufforderte, sich nicht dadurch seiner kleinen Familie zu entziehen, dass er sich vom Dienstmädchen braten ließe. Er lief zuweilen mitten im Kinderspiel aus dem Kreise und setzte sich ernsthaft in eine Stubenecke, um nachzudenken. In der Regel war das Resultat seines Denkens, dass er für Eltern oder Gespielen etwas hervorsuchte, wovon er annahm, dass es ihnen lieb sein würde. Seine größte Freude aber war, dem Vater gegenüberzusitzen, die Beinchen übereinanderzulegen, wie der Vater tat, und aus einem Holunderrohr zu rauchen, wie sein Herr Vater aus einer wirklichen Pfeife zu tun pflegte. Dann ließ er sich allerlei vom Vater erzählen, oder er selbst erzählte seine Geschichten. Und das tat er, wie die Frauenwelt von Ostrau einstimmig versicherte, mit so viel Gravität* und Anstand, dass er bis auf die blauen Augen und sein blühendes Kindergesicht vollkommen aussah wie ein kleiner Herr im Staatsdienst. Unartig war er so selten, dass der Teil des weiblichen Ostrau, welcher einer düsteren Auffassung des Erdenlebens geneigt war, lange zweifelte, ob ein solches Kind heranwachsen könne; bis Anton endlich einmal den Sohn des Landrats auf offener Straße durchprügelte und durch diese Untat seine Aussichten auf das Himmelreich in eine behagliche Ferne zurückhämmerte.

*Würde

1. Betrachten Sie den Romananfang vor dem Hintergrund der theoretischen Texte (S. 8).
2. Enthält der Romananfang Elemente, die Sie in einem typisch „realistischen" Werk nicht vermuten würden?

Letztlich sehr unterschiedliche Autoren wie Storm, Meyer, Keller, Raabe und Fontane, die zu den Hauptvertretern des Realismus im deutschsprachigen Raum zählen, folgen – insbesondere nach der Reichsgründung 1871 – kaum noch den Forderungen der wenigen frühen Theoretiker. Obgleich es zu Briefwechseln und lockeren Bekanntschaften zwischen einigen der genannten Autoren kommt, bleiben die Arbeiten in ihren Aussagen eher den einzelnen Autorenpersönlichkeiten verpflichtet als einer gemeinsamen künstlerischen Programmatik. Anders als etwa im Sturm und Drang oder der Romantik kommt es nicht zur Bildung „realistischer" Zentren, zu enger Zusammenarbeit, gemeinsamen Veröffentlichungen oder tiefen Freundschaften. Gemein ist den realistischen Autoren die Freude am Erzählen und der thematisch-inhaltliche Bezug zur unmittelbaren Gegenwart, der in vielfältiger Variation ausgestaltet wird und in den späteren Jahrzehnten des 19. Jahrhunderts deutlich kritischere Züge annimmt.

WILHELM RAABE:
DIE CHRONIK DER SPERLINGSGASSE

Unter dem Pseudonym Jacob Corvinus erscheint 1857, kurz nach Gustav Freytags „Soll und Haben" (1855), der erste Roman des jungen Wilhelm Raabe (1831–1910). „Die Chronik der Sperlingsgasse", die Raabe während seines Studienaufenthaltes in Berlin, teilweise in den Hörsälen der dortigen Philosophischen Fakultät, schrieb, wurde ein ähnlicher Publikumsliebling wie Freytags Roman und begründete, zusammen mit dem „Hungerpastor" (1864) und anderen frühen Werken, den guten Ruf, den der Autor sein Leben lang bei seiner Lesergemeinde genoss.

Auch der finanzielle Erfolg, den ihm „Die Chronik der Sperlingsgasse" bescherte, bewog Raabe schnell dazu, eine Existenz als Schriftsteller zu wagen. So veröffentlichte er im Laufe seines Lebens rund 60 Romane und längere Erzählungen von durchaus unterschiedlichem Wert. Der „Federansetzungstag" für sein Erstlingswerk ist der 15. November 1854 – sowohl der Autor Raabe als auch seine kauzige Erzählerfigur, der alte Gelehrte Johannes Wachholder, nehmen die Schreibarbeit auf. Einen Winter und ein Frühjahr lang wird Wachholder aus seiner Dachkammer heraus die Ereignisse in der kleinen Sperlingsgasse, einer Berliner Vorstadtstraße, aufzeichnen und damit ein realistisches Bild der politischen und gesellschaftlichen Situation der Zeit entwerfen.

Gleichzeitig werden die tagebuchartigen Einträge durchwoben und humorvoll gebrochen durch längere Rückblicke in die Vergangenheit, durch eingestreute Gedichte, Lieder und Briefe, durch die komplexe Verstrickung von Motiven und Lebensgeschichten der erzählten Figuren. Die Fülle der Episoden und Details wird einzig durch den Chronisten, durch seine Beobachtungen und Erinnerungen, durch sein Nebeneinander von Gestern und Heute zusammengehalten, sein Studierzimmerausschnitt begrenzt den Blick auf das Weltganze in „diesem Traum- und Bilderbuch der Sperlingsgasse". Bereits in seinem ersten Roman wird Raabes ideologische Position, der er treu bleiben wird, deutlich: auf Seiten der ärmeren Schichten und der liberalen Intelligenz.

vgl. S. 63

Wilhelm Raabe um 1856

1. Was verbinden Sie mit einer Chronik? Welche Informationen erwarten Sie, wenn Sie den Werktitel „Die Chronik der Sperlingsgasse" hören?
2. Auf welche zeitgenössischen Ereignisse könnte der Chronist Wachholder im Zeitraum von November 1854 bis Ende April 1855 Bezug nehmen? Informieren Sie sich in entsprechenden Nachschlagewerken.

Titelblatt der Ausgabe von 1857

Seiner kranken Pflegetochter Elise erzählt der Ich-Erzähler Wachholder eine Gutenachtgeschichte:

Spreegasse Nr. 11. Zeichnung von Raabe

„Es war einmal ein – Küchenschrank, ein sehr vortrefflicher, alter, ehrenfester Küchenschrank, und er stand und steht – draußen in unserer Küche, wo wir ihn uns morgen ansehen wollen! – Er war fest verschlossen, welches
5 von zwei sehr wichtigen und angesehenen Personen, die davorstanden, für das einzige Übel an ihm erklärt wurde. Martha hatte aber die Schlüssel in ihrer Tasche und beide Personen, die ich dir sogleich näher beschreiben will, erklärten das einstimmig – sie waren sonst selten einer
10 Meinung – für sehr unangenehm, sehr unrecht und sehr misstrauen- und verachtungerregend.

Ich habe schon gesagt, dass beide davor sitzende Personen von großem Ansehen und Gewicht waren sowohl in der Küche wie auf dem Hofe und dem Boden. Beide machten sich oft nützlich, oft aber auch sehr unnütz. Jede hatte ein Amt
15 zu verwalten und verwaltete es auch – das war ihre Pflicht; jede mischte sich aber auch nur zu gern in Dinge, die sie durchaus nichts angingen, und das – war sehr unartig. Vor dem Küchenschrank zum Beispiel hatten sie in diesem Augenblick durchaus nichts zu tun und doch waren sie da, guckten ihn an, guckten darunter, guckten an ihm herauf. Es roch aber auch gar zu lieblich daraus hervor!

20 Die eine dieser Personen war mit einem schönen weißen Pelz bekleidet, einen kleinen Schnurrbart trug sie um das Stumpfnäschen und schritt ganz leise, leise auf vier Pfoten mit scharfen Krallen einher. Einen schönen, langen, spitzen Schwanz hatte sie auch und sie schwang ihn in diesem Augenblick heftig hin und her, denn sie ärgerte sich eben sehr, und zwar über drei Dinge:
25 erstens: über den verschlossenen Schrank,
zweitens: über die andere Person,
drittens: über sich selbst.

Es war, es war … nun, Lieschen, wer war es?"

„Die Katze, die Katze!"

30 „Richtig, die Katze, Miez, der Madam Pimpernell ihre Katze. (Holla, Rezensent*! Du brauchst nicht aufzustehen!) Die andere Person war etwas größer als Miez, hatte einen braunen Pelz an, marschierte auch auf vier Beinen einher wie Miez, aber lange nicht so leise, und sie ärgerte sich auch über drei Dinge: das Schloss am Schranke, die Katze und sich selbst. Ihren Schwanz hätte sie ebenfalls gern hin und her geschleudert, aber sie konnte es leider nicht,
35 denn sie besaß nur einen ganz kleinen Stummel, nicht der Rede wert. Das machte sie fast noch ergrimmter als Miez, denn die konnte doch wenigstens ihrem Zorn Luft machen.

Nun, wer mochte diese zweite Person wohl sein, Liese?"

„Der Hund, Marquarts Bello!", schrie Elise ganz entzückt.

„Geraten, es war Bello, der Edle, ein weitläufiger Verwandter vom Rezensenten und sonst auch
40 ein ganz netter Kerl, aber – wie gesagt – vor dem Schrank hatte er nichts zu suchen!

,Nun?', sagte Miez, den Bello anguckend.

,Nun?', sagte Bello, die Miez anguckend.

,Miau!', klagte Miez, den Schrank anguckend.

,Wau!', heulte Bello, den Schrank anguckend.

45 So weit waren sie; sie wollten aber dabei nicht bleiben!

,Packen Sie sich auf den Hof', sagte die Katze, ,was haben Sie hier zu gaffen?'

,Sie hätte ich Lust zu packen', schrie der Hund, ,scheren Sie sich gefälligst auf Ihren Boden und fangen Sie Mäuse. Auf kriegen Sie ihn doch nicht!'

* Wachholders Hund

Berlin: die Spreegasse
(Sperlingsgasse)

‚Pah!', sagte die Katze und schleuderte ihren schönen Schweif dem Hunde zu, welches so viel heißen sollte als:

‚Armer Kurzstummel, wenn ich nur wollte!' Das war aber dem armen Bello zu viel, denn jede Anspielung auf seinen Stummel machte ihn wütend, wie auch der Swinegel, der, wie du weißt, mit dem Hasen auf der Buxtehuder Heide um die Wette lief, nichts auf seine krummen Beine kommen ließ.

Auf sprang also Bello, heulte furchtbar und wollte eben der Miez an ihr schönes glattes Fell, als auf einmal …

Piep, piep, piep!

es im Schranke ertönte.

‚Mause, Mi – ause, Mi – ause am Braten drinnen – und ich dri – außen, dri – außen, dri – i – i – außen!', jammerte die Katze.

‚Wau, wau; das kommt von Ihrem albernen Betragen und Ihrer Nachlässigkeit!', heulte der Hund und dann – kam Martha vom Markte zurück und Hund und Katze gingen hin, wo sie hergekommen waren.

Jetzt aber, mein Kind, schlaf ein und schwitze recht tüchtig, damit wir morgen die Stelle besehen können, wo diese merkwürdige Geschichte vorgefallen ist." Und so geschah's; Lieschen schlief ein, ich aber freute mich, wieder einmal ein Märchen beendet zu haben, wie ein wahres Märchen enden muss, nämlich ohne allzu klugen Schluss und ohne Moral. Dass der Doktor nicht bei meiner Erzählung zugegen war, konnte mir ebenfalls nur lieb sein. Jedenfalls hätte er wieder schnöde politische Vergleiche und Anspielungen losgelassen, was mir sehr unangenehm gewesen wäre.

„Herr Wachholder", sagte Martha auf einmal ganz treuherzig – „das Loch im Schranke hat der Tischler Rudolf schon wieder zugemacht. Die Mäuse können nun nicht mehr hinein."

„Bis sie sich wieder durchgefressen haben, Martha!" Ich dachte an den Doktor und seine Anspielungen.

1. Raabe wünscht sich, dass späteren Buchausgaben eine Fotografie der „echten" Sperlingsgasse, der Spreegasse, in der er selbst während seines Aufenthalts in Berlin lebte, beigefügt wird. Wieso wohl?
2. Die Geschichte hat die Form eines Märchens. Wo wird dieser Textart entsprochen? Wo und wie wird die Märchenform durchbrochen? Markieren Sie die entsprechenden Stellen.
3. Verfassen Sie anhand Ihrer Unterstreichungen eine Kurzzusammenfassung der geschilderten „Ereignisse".
4. Gibt es nicht doch eine „Moral"? Wie könnte sie lauten?
5. Das Ende des Märchens ist nicht das Ende des Textausschnittes. Wo sehen Sie Raum für „schnöde politische Vergleiche und Anspielungen"? Sind diese politischen Bezüge rein zeitspezifischer Natur oder auch auf die heutige Situation übertragbar?
6. „Alle Poesie ist symbolisch, Schilderung der Wirklichkeit höchstens nur ein interessantes Lesewerk. Hole ich das Bleibende aus der Tiefe, so hebe ich es über die alltägliche Realität …"
Setzen Sie diesen Aphorismus Raabes in Bezug zur Gutenachtgeschichte.

GOTTFRIED KELLER: DIE MISSBRAUCHTEN LIEBESBRIEFE

Gottfried Keller, ein weiterer früher Erzähler des Realismus, befand sich – dank eines Stipendiums seiner Heimatstadt Zürich – zur gleichen Zeit wie Raabe von 1850 bis 1855 in Berlin. Als Sohn eines Drechslermeisters 1819 geboren, beschreibt Keller die Erfahrungen seiner Kindheit und Jugend in teilweise verschärfter und poetisierter Form in dem Bildungsroman „Der grüne Heinrich". Früh schon vaterlos und von der Schule verstoßen, wollte Keller Maler werden und schlug sich in die Künstlerstadt München durch, widmete sich jedoch bald mehr der Dichtung als der Malerei. Keller unterstützte die liberale Partei in der Schweiz, die 1848 den Sieg davontrug und dem Land eine Bundesverfassung brachte. Nach seiner Rückkehr in die Heimatstadt wurde er 1861 erster Staatsschreiber des Kantons Zürich, war aber weiterhin schriftstellerisch tätig. Am 15. Juli 1890 wurde er unter Teilnahme der Bevölkerung der Stadt Zürich zu Grabe getragen.

Gottfried Keller

Kellers „Grüner Heinrich", einer der bedeutendsten Bildungs- und Entwicklungsromane der zweiten Hälfte des 19. Jahrhunderts, dessen erste Fassung 1854/55 erscheint, erzählt keine ökonomisch ausgerichtete Aufstiegsgeschichte eines bürgerlichen Helden, der als positives Leitbild dienen soll. Vielmehr stellt Keller die spannungsreiche Wechselbeziehung zwischen Selbstfindung und gesellschaftlicher Eingliederung in den Mittelpunkt seines Künstlerromans, wie er in einem Brief an seinen Verleger Eduard Vieweg vom 3. Mai 1850 schreibt:

[…] Die Moral meines Buches ist: dass derjenige, dem es nicht gelingt, die Verhältnisse seiner Person und seiner Familie im Gleichgewicht zu erhalten, auch unbefähigt sei, im staatlichen Leben eine wirksame und ehrenvolle Stellung einzunehmen. Die Schuld kann in vielen Fällen an der Gesellschaft liegen und alsdann wäre freilich der Stoff derjenige eines
5 sozialistischen Tendenzbuches. Im gegebenen Falle aber liegt sie größtenteils im Charakter und dem besonderen Geschicke des Helden und bedingt hierdurch eine mehr ethische Bedeutung des Romans. Unternehmung und Ausführung desselben sind nun nicht etwa das Resultat eines bloß theoretischen tendenziösen Vorsatzes, sondern die Frucht eigener Anschauungen und Erfahrung. Ich habe noch nie etwas produziert, was nicht den Anstoß da-
10 zu aus meinem inneren oder äußeren Leben empfangen hat, und werde es auch ferner so halten; daher kommt es, dass ich nur wenig schreibe […]

1. Umschreiben Sie mit eigenen Worten das Wechselspiel zwischen Individuum und Gesellschaft, das Keller im Roman auszugestalten gedenkt.
2. Welche Bedeutung misst Keller der eigenen Erfahrung bei?
3. Betätigen Sie sich als Psychologin oder Psychologe und stellen Sie anhand der Zeichnungen Vermutungen über Kellers „emotionalen Zustand" an.

Kellers Schreibunterlage während der Niederschrift des „Grünen Heinrichs".
Ausschnitt

Die Erzählung „Die missbrauchten Liebesbriefe" entstammt dem zweiten Band der Novellensammlung „Die Leute von Seldwyla" (1873/74). Man habe sich nach dem Erscheinen des ersten Bandes (1856) in der Schweiz gestritten, so Keller im Vorwort zur zweiten Ausgabe, welche Stadt wohl gemeint sei. „[E]s rage in jeder Stadt und in jedem Tale ein Türmchen von Seldwyla", betont Keller, der sich damit gegen eine neutral abbildende Wiedergabe ausspricht.

* Hölzer, deren Farbstoffe zum Färben verwendet werden

[…] Dann ging er [der Kaufmann Viktor Störtele, der plötzlich eine Vorliebe für schriftstellerische Tätigkeit entwickelte] in sein Magazin, einen Haufen Farbhölzer* wegführen zu lassen, dann in den Wald, um einer Steigerung von Eichenrinde beizuwohnen. Dort machte er einen guten Handel und, vergnügt darüber, noch einen Spaziergang, aber nicht ohne abermaligen Nutzen. Er steckte das geschäftliche Notizbuch beiseite und zog ein kleineres hervor mit einem Stahlschlösschen.

Damit stellte er sich vor den ersten besten Baum, besah ihn genau und schrieb: „Ein Buchenstamm. Hellgrau mit noch helleren Flecken und Querstreifen. Zweierlei Moos bekleidet ihn, ein fast schwärzliches und dann ein samtähnliches glänzend grünes. Außerdem gelbliche, rötliche und weiße Flechten, welche öfter ineinanderspielen. Eine Efeuranke steigt an der einen Seite hinauf. Die Beleuchtung ist ein andermal zu studieren, da der Baum im Schatten steht. Vielleicht in Räuberszenen anzuwenden."

Dann blieb er vor einem eingerammelten Pflock stehen, auf welchen irgendein Kind eine tote Blindschleiche gehängt hatte. Er schrieb: „Interessantes Detail. Kleiner Stab in Erde gesteckt. Leiche von silbergrauer Schlange darum gewunden, gebrochen im Starrkampf des Todes. Ameisen kommen aus dem hohlen Innern hervor oder gehen hinein, Leben in die tragische Szene bringend. Die Schlagschatten von einigen schwanken Gräsern, deren Spitzen mit rötlichen Ähren versehen sind, spielen über das Ganze. Ist Merkur* tot und hat seinen Stab mit toten Schlangen hier stecken lassen? Letztere Anspielung mehr für Handelsnovelle tauglich. NB. Der Stab oder Pflock ist alt und verwittert, von der gleichen Farbe wie die Schlange; wo ihn die Sonne bescheint, ist er wie mit silbergrauen Härchen besetzt. (Die letztere Beobachtung dürfte neu sein.)"

* Merkur: Eins der Attribute des röm. Handelsgottes Merkur ist ein mit Schlangen umwundener Stab.

* Dorfgeschichten = beliebte Gattung, als deren Gründer Jeremias Gotthelf (1797–1854) und Berthold Auerbach (1812–1852) gelten

Auch vor einem Karrengeleise stellte er sich auf und schrieb: „Motiv für Dorfgeschichte*: Wagenfurche halb mit Wasser gefüllt, in welchem kleine Wassertierchen schwimmen. Hohlweg. Erde feucht, dunkelbraun. Auch die Fußstapfen sind mit Wasser gefüllt, welches rötlich, eisenhaltig. Großer Stein im Wege, zum Teil mit frischen Beschädigungen, wie von Wagenrädern. Hieran ließe sich Exposition knüpfen von umgeworfenen Wagen, Streit und Gewalttat."

Weitergehend stieß er auf eine arme Landdirne, hielt sie an, gab ihr einige Münzen und bat sie, fünf Minuten still zu stehen, worauf er, sie von Kopf zu Füßen beschauend, niederschrieb: „Derbe Gestalt, barfuß, bis über die Knöchel voller Straßenstaub; blau gestreifter Kittel, schwarzes Mieder, Rest von Nationaltracht, Kopf in rotes Tuch gehüllt, weiß gewürfelt –" allein urplötzlich rannte die Dirne davon und warf die Beine auf, als ob ihr der böse Feind im Nacken säße. Viktor, ihr begierig nachsehend, schrieb eifrig: „Köstlich! Dämonisch-populäre Gestalt, elementarisches Wesen." Erst in weiter Entfernung stand sie still und schaute zurück; da sie ihn immer noch schreiben sah, kehrte sie ihm den Rücken zu und klopfte sich mit der flachen Hand mehrere Male hinter die Hüften, worauf sie im Walde verschwand.

So kehrte er heimwärts, beladen wie eine Biene mit seiner Ausbeute.

1. Unterstreichen Sie die Textstellen, die dem Aspekt „Nutzen" zugeordnet werden könnten.
2. Wirklichkeitsnähe, eigene Anschauung, Alltäglichkeit – diesem Anspruch an realistische Literatur werden die Notizen durchaus gerecht. Was aber fehlt?
3. Mit welchen Stilmitteln gelingt es Keller, das im Textausschnitt Dargelegte zu ironisieren?
4. Formulieren Sie in eigenen Worten, wogegen Keller sich mit seiner Parodie wendet.
5. Finden Sie Störtelers Stichworte inspirierend? Machen Sie ähnliche über Ihre Schule.

THEODOR STORM: MEERESSTRAND

Theodor Storm wurde am 14. 9. 1817 in Husum geboren, wo er als Rechtsanwalt arbeitete, bevor er wegen seines politischen Engagements gegen die dänische Herrschaft 1852 des Amtes enthoben wurde. Nach dem deutsch-dänischen Krieg kehrte er 1864 als Landvogt nach Husum zurück, wo er bis zum Amtsgerichtsrat aufstieg. Storms politisches Interesse galt seiner unmittelbaren Heimat Schleswig-Holstein und wurde nicht von einem für ihn abstrakt bleibenden nationalen Gedanken getragen. Vielmehr wuchs seine Abneigung gegenüber dem preußischen „System der brutalen Machtherrschaft" und der „bismarckschen Räuberpolitik", wie Briefe nach 1864 bezeugen, und trug zu seinem Rückzug aus dem öffentlichen politischen Leben bei.

Das Gefühl von Einsamkeit erschien dem Dichter und Schriftsteller Storm immer stärker als direkte Folge der herrschenden gesellschaftlichen Bedingungen, insbesondere nach der Reichsgründung 1871 – eine Erfahrung, die auch Autoren wie Keller, Fontane und Raabe thematisieren. In unterschiedlichem Maße zeigt sich in ihren Werken, direkt oder unbeabsichtigt wie bei Freytag, das Auseinanderbrechen bürgerlich-patriarchalischer Lebensformen.

Theodor Storm 1865

Storms Lyrik charakterisiert eine musikalisch-wehmütige Gestimmtheit mit Heimat, Liebe und Ehe als wiederkehrende Themen. Auch in seinen Novellen überwiegt zunächst eine melancholische Stimmung, die dann einer größeren Wirklichkeitnähe und einem objektiveren Ton weicht. Zu seinen bekanntesten Novellen zählen „Immensee" (1850), „Pole Poppenspäler" (1874), „Viola Tricolor" (1874) und der im Todesjahr 1888 erschienene „Schimmelreiter".

Es gehört zu den gängigen Techniken dichterischen Arbeitens, sowohl konkrete Erlebnisse als auch kurze Beobachtungen als Ausgangspunkt für eine spätere Weiterverwertung in lyrischen wie auch erzählerischen Werken zu nutzen, auch wenn Keller dies parodierte.

Theodor Storms Sechszeiler „Juli" ist das Ergebnis einer solchen Arbeitsweise:

Claude Monet: Felder im Frühling (1887)

Klingt im Wind ein Wiegenlied,
Sonne warm herniedersieht,
Seine Ähren senkt das Korn,
Rote Beere schwillt am Dorn,
Schwer von Segen ist die Flur –

1. Versuchen Sie, die letzte, hier weggelassene Zeile zu rekonstruieren.
2. Was könnte der äußere Anlass für dieses kurze Gedicht gewesen sein? Welche Stichworte könnte Storm gesammelt haben?
3. Eine Schwägerin, deren erste Schwangerschaft er vermutete, nannte Storm in einem späteren Brief als Adressatin des Gedichts. Welche Mittel benutzt Storm, um diese Beobachtung künstlerisch auszuschmücken?
4. Es ist unwahrscheinlich, dass der französische Impressionist Claude Monet Storms Gedichte kannte. Überlegen Sie trotzdem, wo das Gemälde und das kurze Gedicht sich ähneln und wie sich beide gegen den Anspruch des die Kunst dominierenden Realismus wenden. Wo wird der Anspruch integriert?

Theodor Storm hatte sehr klare Ansprüche an Dichtkunst: Er wollte am Erlebnis als Ursprung und Ausgangspunkt lyrischen Sprechens festhalten. Wenn der Impuls zum Dichten aus Empfindungen heraus entsteht, so erzeugt das Gedicht selbst auch wieder „Stimmung", ist laut Storm ein „Naturlaut in künstlerischer Form". Diese Grundauffassung spiegelt sich auch in der schlichten liedhaften Form seiner Verse wider und steht damit in großem Kontrast zu vielen Gedichten der zweiten Jahrhunderthälfte, besonders der Gründerzeit. Zum großen Teil hielten sich die populären Dichter an die Nachahmung der bewährten klassischen Vorbilder (Epigonentum). „Hohe" lyrische Formen wie Ode oder Hymne, die in Storms Werk kaum zu finden sind, genossen große Beliebtheit. Storms Ideal hingegen ist die „organische Form".

Über Lyrik

Die eigentliche Aufgabe des lyrischen Dichters besteht aber unsrer Ansicht nach darin, eine Seelenstimmung derart im Gedichte festzuhalten, dass sie durch dasselbe bei dem empfänglichen Leser reproduziert wird, wobei freilich der Wert und die Wirkung des Gedichtes davon abhängen wird, dass sich die individuellste Darstellung mit dem allgemein gültigsten Inhalt zusammenfinde. Die besten lyrischen Gedichte sind daher auch immer unmittelbar aus der vom Leben gegebenen Situation heraus geschrieben worden; die höchste Gefühlserregung wird, wie das jeder schon im täglichen Leben an sich erfahren mag, auch immer den schlagendsten Ausdruck finden; und wenn Goethe einmal den Ausspruch getan, es müsse der Dichter sich den Stoff durch die Zeit erst in eine gewisse Ferne rücken lassen, ehe er an die Behandlung desselben gehe, so sind doch gerade seine Lieder von unsterblichster Wirkung nachweislich unter der Herrschaft des Momentes entstanden, […]
Es beruht daher auch das willkürliche und massenhafte Produzieren lyrischer Gedichte, das eigentliche Machen und Ausgehen auf derartige Produktionen auf einem gänzlichen Verkennen des Wesens der lyrischen Dichtkunst; denn bei einem lyrischen Gedichte muss nicht allein, wie im Übrigen in der Poesie, das Leben, nein, es muss geradezu das Erlebnis das Fundament desselben bilden. Den echten Lyriker wird sein Gefühl, wenn es das höchste Maß von Fülle und Tiefe erreicht hat, von selbst zur Produktion nötigen, dann aber auch wie mit Herzblut alle einzelnen Teile des Gedichtes durchströmen. […]

Von einem Kunstwerk will ich, wie vom Leben, unmittelbar und nicht erst durch die Vermittlung des Denkens berührt werden; am vollendetsten erscheint mir daher das Gedicht, dessen Wirkung zunächst eine sinnliche ist, aus der sich dann die geistige von selbst ergibt, wie aus der Blüte die Frucht. – Der bedeutendste Gedankengehalt aber, und sei er in den wohlgebautesten Versen eingeschlossen, hat in der Poesie keine Berechtigung und wird als toter Schatz am Wege liegen bleiben, wenn er nicht zuvor durch das Gemüt und die Fantasie des Dichters seinen Weg genommen und dort Wärme und Farbe und womöglich körperliche Gestalt gewonnen hat. – An solchen toten Schätzen sind wir überreich. […]

1. Unterstreichen Sie die zentralen Aussagen in beiden Texten und formulieren Sie Storms Verständnis vom Verhältnis des Dichters zu seinem Stoff mit eigenen Worten.
2. Welche Attribute ordnet Storm dem echten bzw. dem massenhaft produzierenden Lyriker zu? Stellen Sie eine Liste zusammen.

Theodor Storm
Meeresstrand

Präpositionen zur klaren Verortung	Ans Haff* nun fliegt die Möwe,	
	Und Dämmerung bricht herein;	Übergang Land – Meer
	Über die feuchten Watten	
	Spiegelt der Abendschein.	Übergang Tag – Nacht
SEHEN		
	5 Graues Geflügel huschet	
Vergleich verweist ins Seelische, dann erst das lyrische Ich	Neben dem Wasser her;	
	Wie Träume liegen die Inseln	
	Im Nebel auf dem Meer.	
Töne, geschärfte Wahrnehmung	Ich höre des gärenden Schlammes	zeitliche Dimension: nun (s. auch Z. 1)
	10 Geheimnisvollen Ton,	
	einsames Vogelrufen –	
	So war es immer schon.	immer schon
HÖREN		
	Noch einmal schauert leise	noch einmal
	Und schweiget dann der Wind;	dann
Übersinnliche Dimension	15 Vernehmlich werden die Stimmen,	
	Die über der Tiefe sind.	

* Haff: benutzt Storm in allen Handschriften als das niederdeutsche Wort für das Wattenmeer an der schleswig-holsteinischen Westküste

1. Verfassen Sie anhand der Vorgaben eine zusammenhängende Textanalyse. Beachten Sie dabei auch Storms Aussagen „Über Lyrik".

CONRAD FERDINAND MEYER: DER RÖMISCHE BRUNNEN

C. F. Meyer. Zeichnung von Karl Stauffer-Bern

Obgleich Meyer (1825–1898) seit den 50er-Jahren dichterisch tätig war, veröffentlichte er erstmals 1864 anonym „Zwanzig Balladen von einem Schweizer" als Ergebnis einer Italienreise mit seiner Schwester Betsy, mit der ihn eine lebenslange schriftstellerische Zusammenarbeit verbinden sollte. Die Begegnung mit der Kunst der Antike und der Renaissance hinterließ einen großen Eindruck, mit dem er sich in seinen späteren Arbeiten immer wieder auseinandersetzte. Gleiches gilt für die in der Balladensammlung behandelten historisch-religiösen Themen. So gestaltet er das Leben und Verhalten historischer Persönlichkeiten in Porträtform in seinem Roman „Jürg Jenatsch", der in Fortsetzungen ab 1874 in der Zeitschrift „Die Literatur" erschien. Nach Reisen, ausführlichen Quellenstudien und Gesprächen mit Historikern erzählt Meyer die Geschichte des berühmt-berüchtigten Graubündner Geistlichen und Politikers aus dem Dreißigjährigen Krieg, bewahrt sich aber im Umgang mit dem Material große dichterische Freiheit.

Seine erste Prosaarbeit, die Novelle „Das Amulett" von 1873, greift die konfessionellen Auseinandersetzungen im Frankreich des 15. Jahrhunderts auf. Weitere Novellen folgen: „Der Schuss von der Kanzel" (1878), „Der Heilige" (1880), „Gustav Adolfs Page" (1882) und „Die Hochzeit des Mönchs" (1884), die für Furore sorgte, da Meyer den Renaissancedichter Dante als Erzählfigur aufnimmt.

Meyers Umgang mit existenziellen Themen und kulturgeschichtlichen Motiven weist auf eine Abkehr vom Realismusverständnis der Zeit, das besonders in der Lyrik das Erlebnishafte betont. Größere Objektivität und Allgemeingültigkeit erreicht er durch die dichterische Ausgestaltung von Bildern, die sich durch große Anschaulichkeit und hohe künstlerische Durchformung auszeichnen. In ihrer Verknüpfung von Dinglichem und Symbolischem deutet Meyers Lyrik voraus auf den Symbolismus Rainer Maria Rilkes und öffnet den Weg ins 20. Jahrhundert.

Der römische Brunnen

Aufsteigt der Strahl und fallend gießt
Er voll der Marmorschale Rund,
Die, sich verschleiernd, überfließt
In einer zweiten Schale Grund;
5 Die zweite gibt, sie wird zu reich,
Der dritten wallend ihre Flut,
Und jede nimmt und gibt zugleich
Und strömt und ruht.

Rainer Maria Rilke: „Römische Fontäne. Borghese"

Der Brunnen

In einem römischen Garten
Verborgen ist ein Bronne,
Behütet von dem harten
Geleucht der Mittagssonne,
5 Er steigt in schlankem Strahle
In dunkle Laubesnacht
Und sinkt in eine Schale
Und übergießt sie sacht.

Die Wasser steigen nieder
10 In zweiter Schale Mitte,
Und voll ist diese wieder,
Sie fluten in die dritte:
Ein Nehmen und ein Geben,
Und alle bleiben reich,
15 Und alle Fluten leben
Und ruhen doch zugleich.

Skizze:

Rom: Springquell

Es steigt der Quelle reicher Strahl
Und sinkt in eine schlanke Schal.
Das dunkle Wasser überfließt
Und sich in eine Muschel gießt.
Es überströmt die Muschel dann
Und füllt ein Marmorbecken an.
Ein jedes nimmt und gibt zugleich
Und allesammen bleiben reich,
Und ob's auf allen Stufen quillt,
So bleibt die Ruhe doch im Bild.

1. Beschreiben Sie den (oder die) Brunnen und fertigen Sie eine Skizze an.
2. Markieren Sie sprachliche und inhaltliche Unterschiede zwischen den Fassungen. Was spricht dagegen, von drei Gedichten zu sprechen?
3. Ordnen Sie die drei Gedichtfassungen in der Reihenfolge ihres jeweiligen Entstehungsjahres (1860, 1865, 1882). Begründen Sie Ihre Entscheidung am Text.
4. Welche Überlegungen könnten Meyer dazu veranlasst haben, das erste Gedicht noch sechsmal (!) umzuschreiben? – Beachten Sie auch die Veränderungen beim Titel.
5. Informieren Sie sich in einem Fachlexikon über die Begriffe „Symbol" und „Dinggedicht".
6. Stimmen Sie der Behauptung zu, dass der Bewegungsablauf des Wassers in Meyers Gedicht ein Symbol für Leben und Vergänglichkeit ist? Begründen Sie Ihre Meinung schriftlich.
7. Wo sehen Sie Unterschiede zu Storms Gedicht „Meeresstrand" und seinen Äußerungen über Lyrik?

THEODOR FONTANE: DIE BRÜCK' AM TAY

Theodor Fontane, Sohn südfranzösischer Hugenotten, wird am 30. Dezember 1819 im brandenburgischen Neuruppin geboren. Wie sein Vater schließt er eine Apothekerausbildung in Berlin ab, schreibt jedoch nebenbei eifrig und veröffentlicht bereits 1839 eine Novelle und einige Gedichte. Nach kurzfristigen Apothekertätigkeiten in Leipzig und Dresden entschließt er sich, seinen Militärdienst als Einjährig-Freiwilliger in Berlin abzuleisten, wo er im September 1844 als ordentliches Mitglied in den literarischen Sonntagsverein „Tunnel über der Spree" gewählt wird. Der Name dieser 1827 gegründeten Vereinigung entstand als Anspielung auf einen Londoner Tunnel, der unter der Themse gebaut werden sollte und nach langer Planungszeit erst 1847 eröffnet wurde.
In den Gründungsstatuten des „Tunnels" heißt es:

Fontane. Zeichnung von Hugo von Blomberg, 1857

vgl. S. 48 ff.

„Die Tendenz des Vereins ist es, in einem heiteren, geselligen Beisammensein produktiv-künstlerische Tätigkeit zu fördern und durch freundlich-ernste Beurteilung der gelieferten Arbeiten sowohl den Arbeitenden das Fortschreiten auf einem richtigen Weg zu erleichtern als in sämtlichen Mitgliedern einen reineren ästhetischen Geschmack zu erhalten und auszubilden."

Die Mitglieder – Studenten, Kaufleute, Beamte und Offiziere – stammen aus den unterschiedlichsten Gesellschaftsschichten und sind zum größten Teil „dilettierende" Poeten. Im „Tunnel" verkehren jedoch auch der alte Eichendorff, der noch unbekannte Menzel, später auch Theodor Storm, der in Potsdam eine Anstellung im preußischen Justizdienst sucht.

Orden des „Tunnels über der Spree"

Der aus eher kleinbürgerlichen Verhältnissen stammende und demokratisch-freiheitlich gesinnte junge Fontane findet in diesem konservativ-preußischen Kreise Freundschaft, Förderung und Kritik. Da seine frühen politischen und sozialkritischen Dichtungsversuche im „Tunnel" auf Spott und Kritik stoßen, passt er sich dem herrschenden Geschmack an: Im Biedermeier hatte sich ein wahrer Kult um die Ballade entfaltet, die fast im fabrikmäßigen Stil hergestellt wurde. Nun wendet sich auch Fontane historischen Themen und der Balladenform zu. Neben Anekdoten aus der preußischen Geschichte bearbeitet er, angeregt durch eine Englandreise im Mai 1844, mit Vorliebe englisch-schottische Themen. Ständig unter finanziellen Problemen leidend, sieht er sich genötigt, ab 1850 beim Literarischen Kabinett, einer Zensurbehörde zur Überwachung der Presse, zu arbeiten, bevor er sich entscheidet, als politischer Korrespondent für die konservative „Preußische Zeitung" nach London zu gehen. Hier betätigt er sich neben seiner Brotarbeit als Balladendichter und Literaturkritiker. Fontane beginnt seine schriftstellerische Laufbahn als Lyriker und versucht sich zeitlebens in allen Formen der Lyrik; sein Werk umfasst politische Zeitgedichte, Balladen, Romanzen, später auch Gelegenheitsdichtungen. Seine Hinwendung zu eher zeitgeschichtlichen Themen verdeutlicht zum Beispiel die Ballade „Die Brück' am Tay", die als lyrischer Kommentar zu einem Aufsehen erregenden Eisenbahnunglück vom 28. Dezember 1879 entstanden ist.

Die Brück' am Tay

(28. Dezember 1879)

When shall we three meet again?
Macbeth

„Wann treffen wir drei wieder zusamm'?"
　„Um die siebente Stund, am Brückendamm."
　　„Am Mittelpfeiler."
　　　„Ich lösche die Flamm."
5　„Ich mit."
　　　„Ich komme von Norden her."
„Und ich von Süden."
　　　„Und ich vom Meer."
„Hei, das gibt einen Ringelreihn,
10　Und die Brücke muss in den Grund hinein."
„Und der Zug, der in die Brücke tritt
Um die siebente Stund?"
　　　„Ei, der muss mit."
„Muss mit."
15　　　„Tand, Tand
Ist das Gebilde von Menschenhand!"
　　　—

Auf der Norderseite, das Brückenhaus –
Alle Fenster sehen nach Süden aus,
Und die Brücknersleut ohne Rast und Ruh
20　Und in Bangen sehen nach Süden zu,
Sehen und warten, ob nicht ein Licht
Übers Wasser hin „Ich komme" spricht,
„Ich komme, trotz Nacht und Sturmesflug,
Ich, der Edinburger Zug."

25　Und der Brückner jetzt: „Ich seh einen Schein
Am anderen Ufer. Das muss er sein.
Nun, Mutter, weg mit dem bangen Traum,
Unser Johnie kommt und will seinen Baum,
Und was noch am Baume von Lichtern ist,
30　Zünd alles an wie zum Heiligen Christ,
Der will heuer *zweimal* mit uns sein –
Und in elf Minuten ist er herein."

Und es war der Zug. Am Süderturm
Keucht er vorbei jetzt gegen den Sturm,
35　Und Johnie spricht: „Die Brücke noch!
Aber was tut es, wir zwingen es doch.
Ein fester Kessel, ein doppelter Dampf,
Die bleiben Sieger in solchem Kampf,
Und wie's auch rast und ringt und rennt,
40　Wir kriegen es unter, das Element."

Holzstich der Brücke am Tay, 1879

Und unser Stolz ist unsre Brück;
Ich lache, denk ich an früher zurück,
An all den Jammer und all die Not
Mit dem elend alten Schifferboot;
45 Wie manche liebe Christfestnacht
Hab ich im Fährhaus zugebracht
Und sah unsrer Fenster lichten Schein
Und zählte und konnte nicht drüben sein."

Auf der Norderseite, das Brückenhaus –
50 Alle Fenster sehen nach Süden aus,
Und die Brücknersleut ohne Rast und Ruh
Und in Bangen sehen nach Süden zu;
Denn wütender wurde der Winde Spiel,
Und jetzt, als ob Feuer vom Himmel fiel,
55 Erglüht es in niederschießender Pracht
Überm Wasser unten ... Und wieder ist Nacht.
—

„Wann treffen wir drei wieder zusamm'?"
  „Um Mitternacht, am Bergeskamm."
    „Auf dem hohen Moor, am Erlenstamm."
60 „Ich komme."
    „Ich mit."
              „Ich nenn euch die Zahl."
„Und ich die Namen."
                „Und ich die Qual."
65 „Hei!
   Wie Splitter brach das Gebälk entzwei."
                              „Tand, Tand
Ist das Gebilde von Menschenhand."

1. Dundee/Schottland: In der Nacht zum 29. Dezember 1879 brach während eines fürchterlichen Sturms ... Setzen Sie den Zeitungsbericht fort.
2. Die Ballade gilt als eine lyrische Form, die epische und dramatische Elemente in sich vereinigt.
Analysieren Sie das Verhältnis von gesprochenen und beschreibenden Textteilen.
3. Erläutern Sie die perspektivische Gestaltung der Ballade.
4. Wieso lässt Fontane wohl die Sturmhexen am Anfang und Ende seiner Ballade auftreten?
– Greifen Sie das Motto des Gedichts, den Satz aus Shakespeares *Macbeth,* auf und verfassen Sie eine aktualisierte (Prosa-)Version, in der Sie Bezug nehmen auf neuere Ereignisse.
5. Inszenieren Sie die Ballade als dramatische Szene. Wie wollen Sie die verschiedenen Stimmen umsetzen? Welche Veränderung würden Sie vornehmen, um den Konflikt zu aktualisieren?

THEODOR FONTANE:
UNSERE LYRISCHE UND EPISCHE POESIE SEIT 1848

Der Aufsatz, einer der wenigen zeitgenössischen Texte, die eine umfassende Bewertung der Rolle des Realismus in der Kunst versuchen, erscheint 1853 in den „Deutschen Annalen".

Es gibt neunmalweise Leute in Deutschland, die mit dem letzten Goetheschen Papierschnitzel unsere Literatur für geschlossen erklären. Forscht man näher nach bei ihnen, so teilen sie einem vertraulich mit, dass sie eine neue Blüte derselben überhaupt für unwahrscheinlich halten, am wenigsten aber auch nur die kleinsten Keime dazu in den Hervorbringungen der letzten zwanzig Jahre gewahren könnten. Wir kennen dies Lied. Die goldenen Zeiten sind immer vergangene gewesen. Wollten jene Herren, die so grausam über alles Neue den Stab brechen, nach der eigensten Wurzel ihres absprechenden Urteils forschen, sie würden sie in selbstsüchtiger Bequemlichkeit und in nichts Besserm finden. Gerechtigkeit gegen Zeitgenossen ist immer eine schwere Tugend gewesen, aber sie ist doppelt schwer auf einem Gebiete, wo das wuchernde Unkraut dem flüchtigen Beschauer die echte Blüte verbirgt. Solche Blüten sind mühsam zu finden, aber sie sind da. Was uns angeht, die wir seit einem Dezennium* nicht müde werden, auf dem dunklen Hintergrunde der Tagesliteratur den Lichtstreifen des Genius zu verfolgen, so bekennen wir unsere feste Überzeugung dahin, dass wir nicht rückwärts-, sondern vorwärtsschreiten und dass wir drauf und dran sind, einem Dichter die Wege zu bahnen, der um der Richtung willen, die unsere Zeit ihm vorzeichnet, berufen sein wird, eine neue Blüte unserer Literatur, vielleicht ihre höchste, herbeizuführen.

*Jahrzehnt

Was unsere Zeit nach allen Seiten hin charakterisiert, das ist ihr Realismus. Die Ärzte verwerfen alle Schlüsse und Kombinationen, sie wollen Erfahrungen; die Politiker (aller Parteien) richten ihr Auge auf das wirkliche Bedürfnis und verschließen ihre Vortrefflichkeitsschablonen ins Pult; Militärs zucken die Achsel über unsere preußische Wehrverfassung und fordern „alte Grenadiere" statt „junger Rekruten"; vor allem aber sind es die materiellen Fragen, nebst jenen tausend Versuchen zur Lösung des sozialen Rätsels, welche so entschieden in den Vordergrund treten, dass kein Zweifel bleibt: Die Welt ist des Spekulierens müde und verlangt nach jener „frischen grünen Weide", die so nah lag und doch so fern.

Dieser Realismus unserer Zeit findet in der Kunst nicht nur sein entschiedenstes Echo, sondern äußert sich vielleicht auf keinem Gebiet unseres Lebens so augenscheinlich wie gerade in ihr. […]

Der Realismus in der Kunst ist so alt als die Kunst selbst, ja noch mehr: Er ist die Kunst. Unsere moderne Richtung ist nichts als eine Rückkehr auf den einzig richtigen Weg, die Wiedergenesung eines Kranken, die nicht ausbleiben konnte, solange sein Organismus noch überhaupt ein lebensfähiger war. Der unnatürlichen Geschraubtheit *Gottscheds* musste, nach einem ewigen Gesetz, der schöne, noch unerreicht gebliebene Realismus *Lessings* folgen, und der blühende Unsinn, der während der dreißiger Jahre dieses Jahrhunderts sich aus verlogener Sentimentalität und gedankenlosem Bilderwust entwickelt hatte, musste als notwendige Reaktion eine Periode ehrlichen Gefühls und gesunden Menschenverstandes nach sich ziehen, von der wir kühn behaupten: Sie ist da. […]

1. Lesen Sie sich nochmals den ersten Absatz des Aufsatzes durch. Notieren Sie stichwortartig die Themen, die hier angeschlagen werden.
2. Fontane hält mit seiner Meinung über die Literatur der dreißiger und vierziger Jahre des 19. Jahrhunderts nicht hinterm Berg. Wie charakterisiert er die zurückliegende Epoche und welche Eigenschaften schreibt er der eigenen Zeit zu?
3. Fassen Sie die Hauptaussagen des Textes in wenigen Sätzen zusammen.
4. Fontanes Aufsatz zeichnen eine gewisse Polemik und Subjektivität aus. Was verrät das über seinen eigenen Standpunkt? Wie stehen Sie zu seinen Aussagen?

Und so setzt Fontane seinen Text fort:

[Wir zögern] nunmehr nicht länger, unsere Ansicht darüber auszusprechen, was wir überhaupt unter Realismus verstehen.

Vor allen Dingen verstehen wir nicht darunter das nackte Wiedergeben alltäglichen Lebens, am wenigsten seines Elends und seiner Schattenseiten. Traurig genug, dass es nötig ist, derlei sich von selbst verstehende Dinge noch erst versichern zu müssen. Aber es ist noch nicht allzu lange her, dass man (namentlich in der Malerei)* *Misere* mit Realismus verwechselte und bei Darstellung eines sterbenden Proletariers, den hungernde Kinder umstehen, oder gar bei Produktionen jener so genannten Tendenzbilder (schlesische Weber, das Jagdrecht u. dgl. m.) sich einbildete, der Kunst eine glänzende Richtung vorgezeichnet zu haben. Diese Richtung verhält sich zum echten Realismus wie das rohe Erz zum Metall: Die Läuterung fehlt. Wohl ist das Motto des Realismus der Goethesche Zuruf: *Greif nur hinein ins volle Menschenleben, Wo du es packst, da ist's interessant,* aber freilich, die Hand, die diesen Griff tut, muss eine künstlerische sein. Das Leben ist doch immer nur der Marmorsteinbruch, der den Stoff zu unendlichen Bildwerken in sich trägt; sie schlummern darin, aber nur dem Auge des Geweihten sichtbar und nur durch seine Hand zu erwecken. Der Block an sich, nur herausgerissen aus einem größeren Ganzen, ist noch kein Kunstwerk, und dennoch haben wir die Erkenntnis als einen unbedingten Fortschritt zu begrüßen, dass es zunächst des Stoffes, oder sagen wir lieber des Wirklichen, zu allem künstlerischen Schaffen bedarf. Diese Erkenntnis, sonst nur im Einzelnen mehr oder minder lebendig, ist in einem Jahrzehnt zu fast universeller Herrschaft in den Anschauungen und Produktionen unserer Dichter gelangt und bezeichnet einen abermaligen Wendepunkt in unserer Literatur. Ein Gedicht wie die in ihrer Zeit mit Bewunderung gelesene „Bezauberte Rose" könnte in diesem Augenblicke kaum noch geschrieben, keinesfalls aber von Preisrichtern gekrönt werden; der „Weltschmerz" ist unter Hohn und Spott längst zu Grabe getragen; jene Tollheit, die „dem Felde kein golden Korn wünschte, bevor nicht Freiheit im Lande herrsche", hat ihren Urteilsspruch gefunden, und jene Bildersprache voll hohlen Geklingels, die, anstatt dem Gedanken Fleisch und Blut zu geben, zehn Jahre lang und länger nur der bunte Fetzen war, um die Gedankenblöße zu bergen, ist erkannt worden als das, was sie war. Diese ganze Richtung, ein Wechselbalg aus bewusster Lüge, eitler Beschränktheit und blümerantem Pathos, ist verkommen „in ihres Nichts durchbohrendem Gefühle" und der Realismus ist eingezogen wie der Frühling, frisch, lachend und voller Kraft, ein Sieger ohne Kampf.

Wenn wir in Vorstehendem – mit Ausnahme eines einzigen Kernspruchs – uns lediglich negativ verhalten und überwiegend hervorgehoben haben, was der Realismus nicht ist, so geben wir nunmehr unsere Ansicht über das, was er ist, mit kurzen Worten dahin ab: Er ist die Widerspiegelung alles wirklichen Lebens, aller wahren Kräfte und Interessen im Elemente der Kunst; er ist, wenn man uns diese scherzhafte Wendung verzeiht, eine „Interessenvertretung" auf seine Art. Er umfängt das ganze reiche Leben, das Größte wie das Kleinste: den Kolumbus, der der Welt eine neue zum Geschenk machte, und das Wassertierchen, dessen Weltall der Tropfen ist; den höchsten Gedanken, die tiefste Empfindung zieht er in seinen Bereich und die Grübeleien eines Goethe wie Lust und Leid eines Gretchen sind sein Stoff. Denn alles das ist wirklich. Der Realismus will nicht die bloße Sinnenwelt und nichts als diese; er will am allerwenigsten das bloß Handgreifliche, aber er will das Wahre. Er schließt nichts aus als die Lüge, das Forcierte, das Nebelhafte, das Abgestorbene – vier Dinge, mit denen wir glauben eine ganze Literaturepoche bezeichnet zu haben. […]

* Anspielung auf Karl Hübner, der Aufsehen erregende Bilder sozialen Elends produzierte

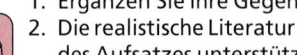

1. Ergänzen Sie Ihre Gegenüberstellung aus Aufgabe 2 von S. 23.
2. Die realistische Literatur als „Frühling" – markieren Sie die Textstellen, die dieses Leitmotiv des Aufsatzes unterstützen.

AUSSAGEN ZUM TEXTINHALT

- ❏ 1 Die seit Goethes Tod 1832 entstehende Literatur kann keine wesentlichen Kunstwerke mehr hervorbringen.
- ❏ 2 Der Realismus in der Kunst reflektiert die Abkehr von Gedankenexperimenten und den Rückgriff auf konkrete Erfahrungen, eine Grundeinstellung, die auch auf der politisch-gesellschaftlichen Ebene Oberhand gewonnen hat.
- ❏ 3 Die Hinwendung zum Realismus in der Kunst ist modern und noch nie da gewesen.
- ❏ 4 Realistische Kunst kann sich allen Lebensäußerungen und Daseinsformen der Zeit widmen, solange diese ungefiltert widergespiegelt werden.
- ❏ 5 Die künstlerische Bearbeitung des vorgefundenen Stoffes ist ebenso wichtig wie die Stoffauswahl selbst. Ohne „Läuterung" und didaktische Gestaltungsabsicht bleibt das Kunstwerk wertlos.
- ❏ 6 Die empirische Bestandsaufnahme ist das höchste Ziel der realistischen Kunst.
- ❏ 7 Der Realismus konzentriert sich ganz auf die gedanklich-philosophische Sphäre.
- ❏ 8 Der Realismus hat mit aller Kunstproduktion vor 1848 gebrochen und will auf einem neuen Wege nach vorne schreiten.

AUSSAGEN ZUR TEXTABSICHT

- ❏ 1 Fontanes Aufsatz ist ein leidenschaftliches Plädoyer für die Literatur seiner eigenen Gegenwart.
- ❏ 2 Der Realismus wird als eine literarische Epoche gefeiert, die unmittelbar an die Literatur vor 1848 anknüpft und deren Ideen und Ideale in geläuterter Form weiterführt.
- ❏ 3 Realistische Kunst widmet sich den Problemen der Alltagswelt, ohne dabei auf ästhetische Korrekturen und Poetisierung verzichten zu wollen.
- ❏ 4 Fontane ist sich der Pluralität der literarischen Strömungen vor 1848 bewusst und differenziert entsprechend in seiner Beurteilung der dann entstandenen Literatur.
- ❏ 5 Fontane stellt die literarische Wende in der Literatur nach 1848 als das Ergebnis eines Prozesses dar, nicht als Reaktion auf die traumatischen Erfahrungen der Umbruchzeit nach der gescheiterten bürgerlichen Revolution.
- ❏ 6 Fontane hält realistische Literatur für wertfrei, absichtslos und somit objektiv.

1. Welche der Aussagen zu Fontanes Aufsatz sind im Sinne des Textes richtig, welche falsch? Suchen Sie die entsprechenden Belegstellen im Text und notieren Sie neben Zeilenzahl auch stichwortartige Argumentationshilfen.
2. Formulieren Sie mit Hilfe der korrekten Aussagen einen kurzen Text zu Fontanes Anliegen.
3. Halten Sie das Ineinanderfließen von politischen und künstlerischen Problemen, das aus dem Aufsatz wie auch den Aussagen spricht, für abhängig von der Entstehungszeit?

Der Einzelne und die anderen

Elisabeth von Ardenne (1873)

Erst in seinem letzten Lebensviertel betätigte sich Theodor Fontane ausschließlich als Romanautor, obgleich er seit seinem 20. Lebensjahr eifrig schrieb und publizierte. Die Arbeit am Roman „Effi Briest" nahm er 1890 auf, im Alter von 70 Jahren, und schloss sie, nach einer längeren Arbeitspause, vier Jahre später ab. In einem zusammenfassenden Tagebucheintrag für 1895 notierte Fontane die positive Aufnahme des Vorabdrucks in der „Deutschen Rundschau" und stellte fest, dass es das seit Herbst 1895 erscheinende Buch „in weniger als Jahresfrist zu 5 Auflagen" gebracht hatte, „der erste wirkliche Erfolg, den ich mit einem Roman habe".

Besonders erfolgreich war der Gesellschaftsroman wohl auch wegen seines Bezuges zu einer wahren Begebenheit, die in den Achtzigerjahren des 19. Jahrhunderts viel Aufmerksamkeit auf sich gezogen hatte, dem Duell zwischen dem preußischen Rittmeister Armand von Ardenne und dem Liebhaber seiner Frau Elisabeth, geborene von Plotho.

Fontane lässt sich das Geschehen erzählen und nutzt die Konstellation der wahren Ehetragödie als Grundstock für seinen Roman „Effi Briest", der die Ereignisse jedoch alles andere als skandalorientiert und sensationslüstern darbietet. Vielmehr charakterisiert eine verständnisvoll-nüchterne Erzählweise den Umgang des Autors mit dem Stoff, sodass die Geschichte des märkischen Adelsfräuleins Effi von Briest eine exemplarische Auseinandersetzung mit der gesellschaftlichen Gegenwart der gehobenen Schichten im Kaiserreich unter Bismarck, ihren Zwängen und Konventionen für Frauen wie auch für Männer leistet.

„IMMER TOCHTER DER LUFT" – DIE JUNGE EFFI BRIEST

Fontanes Leben und Romanwerk nach 1870

Erstes Kapitel
In Front des schon seit Kurfürst Georg Wilhelm von der Familie von Briest bewohnten Herrenhauses zu Hohen-Cremmen fiel heller Sonnenschein auf die mittagsstille Dorfstraße, während nach der Park- und Gartenseite hin ein rechtwinklig angebauter Seitenflügel einen breiten Schatten erst auf einen weiß und grün quadrierten Fliesengang und dann über diesen hinaus auf ein großes, in seiner Mitte mit einer Sonnenuhr und an seinem Rande mit Canna indica und Rhabarberstauden besetztes Rondell warf. Einige zwanzig Schritte weiter, in Richtung und Lage genau dem Seitenflügel entsprechend, lief eine ganz in kleinblättrigem Efeu stehende, nur an einer Stelle von einer kleinen, weiß gestrichenen Eisentür unterbrochene Kirchhofsmauer, hinter der der Hohen-Cremmener Schindelturm mit seinem blitzenden, weil neuerdings erst wieder vergoldeten Wetterhahn aufragte. Fronthaus, Seitenflügel und Kirchhofsmauer bildeten ein einen kleinen Ziergarten umschließendes Hufeisen, an dessen offener Seite man eines Teiches mit Wassersteg und angekettetem Boot und dicht da-

neben einer Schaukel gewahr wurde, deren horizontal gelegtes Brett zu Häupten und Füßen an je zwei Stricken hing – ein Pfosten der Balkenlage schon etwas schief stehend. Zwischen Teich und Rondell aber und die Schaukel halb versteckend standen ein paar mächtige alte Platanen.

Auch die Front des Herrenhauses – eine mit Aloekübeln und ein paar Gartenstühlen besetzte Rampe – gewährte bei bewölktem Himmel einen angenehmen und zugleich allerlei Zerstreuung bietenden Aufenthalt; an Tagen aber, wo die Sonne niederbrannte, wurde die Gartenseite ganz entschieden bevorzugt, besonders von Frau und Tochter des Hauses, die denn auch heute wieder auf dem im vollen Schatten liegenden Fliesengang saßen […] Beide, Mutter und Tochter, waren fleißig bei der Arbeit, die der Herstellung eines aus Einzelquadraten zusammenzusetzenden Altarteppichs galt; ungezählte Wollsträhnen und Seidendocken lagen auf einem großen, runden Tisch bunt durcheinander […] Rasch und sicher ging die Wollnadel der Damen hin und her, aber während die Mutter kein Auge von der Arbeit ließ, legte die Tochter, die den Rufnamen Effi führte, von Zeit zu Zeit die Nadel nieder und erhob sich, um unter allerlei kunstgerechten Beugungen und Streckungen den ganzen Kursus der Heil- und Zimmergymnastik durchzumachen. Es war ersichtlich, dass sie sich diesen absichtlich ein wenig ins Komische gezogenen Übungen mit ganz besonderer Liebe hingab, und wenn sie dann so dastand und, langsam die Arme hebend, die Handflächen hoch über dem Kopf zusammenlegte, so sah auch wohl die Mama von ihrer Handarbeit auf, aber immer nur flüchtig und verstohlen, weil sie nicht zeigen wollte, wie entzückend sie ihr eigenes Kind finde, zu welcher Regung mütterlichen Stolzes sie voll berechtigt war. Effi trug ein blau und weiß gestreiftes, halb kittelartiges Leinwandkleid, dem erst ein fest zusammengezogener, bronzefarbener Ledergürtel die Taille gab; der Hals war frei und über Schulter und Nacken fiel ein breiter Matrosenkragen. In allem, was sie tat, paarten sich Übermut und Grazie, während ihre lachenden braunen Augen eine große, natürliche Klugheit und viel Lebenslust und Herzensgüte verrieten. […]

Eben hatte sich Effi wieder erhoben, um abwechselnd nach links und rechts ihre turnerischen Drehungen zu machen, als die von ihrer Stickerei gerade wieder aufblickende Mama ihr zurief: „Effi, eigentlich hättest du doch wohl Kunstreiterin werden müssen. Immer am Trapez, immer Tochter der Luft. Ich glaube beinah, dass du so was möchtest."

„Vielleicht, Mama. Aber wenn es so wäre, wer wäre schuld? Von wem hab ich es? Doch nur von dir. Oder meinst du, von Papa? Da musst du nun selber lachen. Und dann, warum steckst du mich in diesen Hänger, in diesen Jugendkittel? Mitunter denk ich, ich komme noch wieder in kurze Kleider. Und wenn ich die erst wieder habe, dann knicks ich auch wieder wie ein Backfisch, und wenn dann die Rathenower herüberkommen, setze ich mich auf Oberst Goetzes Schoß und reite hopp, hopp. Warum auch nicht? Drei Viertel ist er Onkel und nur ein Viertel Courmacher. Du bist schuld. Warum kriege ich keine Staatskleider? Warum machst du keine Dame aus mir?"

„Möchtest du's?"

„Nein." Und dabei lief sie auf die Mama zu und umarmte sie stürmisch und küsste sie.

„Nicht so wild, Effi, nicht so leidenschaftlich. Ich beunruhige mich immer, wenn ich dich so sehe …" […]

1. Unterstreichen Sie die Vollverben im ersten Absatz des Romans. Welche Stimmung vermitteln sie?
2. Legen Sie eine Skizze des Herrenhauses und seiner unmittelbaren Umgebung an.
3. Stellen Sie sich vor, Sie hätten als Kamerafrau oder als Kameramann den Erzählauftakt möglichst textnah in Bildersprache umzusetzen. Was würde Ihre Linse als Erstes einfangen, auf welche örtlichen Begebenheiten, auf welche Gegenstände und Personen würden Sie sich wann konzentrieren?
4. Vergleichen Sie Ihre „Arbeitspläne" untereinander. Welche unterschiedlichen Effekte haben Abweichungen oder Akzentverschiebungen?
5. Der Erzählfokus ist auf Effi gerichtet. Beschränkt sich der Erzähler auf eine rein äußerliche Beschreibung? Wo weiß er mehr als ein zufälliger Beobachter der Szene?

Der 38-jährige Baron Geert von Innstetten befindet sich zu Besuch in der Gegend. Vor zwanzig Jahren war er in Effis Mutter verliebt, die dann mit dem wesentlich älteren, bereits etablierten Ritterschaftsrat Briest verheiratet wurde. Nach einmaligem Treffen hält Innstetten um Effis Hand an.
Mitten in den Vorbereitungen für die einige Wochen später stattfindende Hochzeit nun dieses Gespräch zwischen Effi und Frau von Briest aus dem vierten Kapitel:

„ […] Aber kannst du dir vorstellen, und ich schäme mich fast, es zu sagen, ich bin nicht so sehr für das, was man eine Musterehe nennt."

„Das sieht dir ähnlich. Und nun sage mir, wofür bist du denn eigentlich?"

„Ich bin … nun, ich bin für gleich und gleich und natürlich auch für Zärtlichkeit und Liebe. Und wenn es Zärtlichkeit und Liebe nicht sein können, weil Liebe, wie Papa sagt, doch nur ein Papperlapapp ist – was ich aber nicht glaube –, nun, dann bin ich für Reichtum und ein vornehmes Haus, ein ganz vornehmes, wo Prinz Friedrich Karl zur Jagd kommt, auf Elchwild oder Auerhahn, oder wo der alte Kaiser vorfährt und für jede Dame, auch für die jungen, ein gnädiges Wort hat. Und wenn wir dann in Berlin sind, dann bin ich für Hofball und Galaoper, immer dicht neben der großen Mittelloge."

„Sagst du das so bloß aus Übermut und Laune?"

„Nein, Mama, das ist mein völliger Ernst. Liebe kommt zuerst, aber gleich hinterher kommt Glanz und Ehre und dann kommt Zerstreuung – ja, Zerstreuung, immer was Neues, immer was, dass ich lachen oder weinen muss. Was ich nicht aushalten kann, ist Langeweile."

„Wie bist du da nur mit uns fertig geworden?"

„Ach, Mama, wie du nur so was sagen kannst. Freilich, wenn im Winter die liebe Verwandtschaft vorgefahren kommt und sechs Stunden bleibt oder wohl auch noch länger und Tante Gundel und Tante Olga mich mustern und mich naseweis finden – und Tante Gundel hat es mir auch mal gesagt –, ja, da macht sich's mitunter nicht sehr hübsch, das muss ich zugeben. Aber sonst bin ich immer glücklich gewesen, so glücklich …"

Und während sie das sagte, warf sie sich heftig weinend vor der Mama auf die Knie und küsste ihre beiden Hände! […]

„[…] Hast du was auf deinem Herzen? Noch ist es Zeit. Liebst du Geert nicht?"

„Warum soll ich ihn nicht lieben? Ich liebe Hulda und ich liebe Bertha und ich liebe Hertha. Und ich liebe auch den alten Niemeyer. Und dass ich euch liebe, davon spreche ich gar nicht erst. Ich liebe alle, die's gut mit mir meinen und gütig gegen mich sind und mich verwöhnen. Und Geert wird mich auch wohl verwöhnen. Natürlich auf seine Art. Er will mir ja schon Schmuck schenken in Venedig. Er hat keine Ahnung davon, dass ich mir nichts aus Schmuck mache. Ich klettre lieber und schaukle mich lieber, und am liebsten immer in der Furcht, dass es irgendwo reißen oder brechen und ich niederstürzen könnte. Den Kopf wird es ja nicht gleich kosten."

„Und liebst du vielleicht auch deinen Vetter Briest?"

„Ja, sehr. Der erheitert mich immer."

„Und hättest du Vetter Briest heiraten mögen?"

„Heiraten? Um Gottes willen nicht. Er ist ja noch ein halber Junge. Geert ist ein Mann, ein schöner Mann, ein Mann, mit dem ich Staat machen kann und aus dem was wird in der Welt. Wo denkst du hin, Mama."

„Nun, das ist recht, Effi, das freut mich. Aber du hast noch was auf der Seele."

„Vielleicht."

„Nun, sprich."

„Sieh, Mama, dass er älter ist als ich, das schadet nichts, das ist vielleicht recht gut: er ist ja doch nicht alt und ist gesund und frisch und so soldatisch und so schneidig. Und ich könnte beinah sagen, ich wäre ganz und gar für ihn, wenn er nur … ja, wenn er nur ein bisschen anders wäre."

„Wie denn, Effi?"

„Ja, wie. Nun, du darfst mich nicht auslachen. Es ist etwas, was ich erst ganz vor kurzem auf-

gehorcht habe, drüben im Pastorhause. Wir sprachen da von Innstetten und mit einem Male zog der alte Niemeyer seine Stirn in Falten, aber in Respekts- und Bewunderungsfalten, und sagte: ‚Ja, der Baron! Das ist ein Mann von Charakter, ein Mann von Prinzipien.'"
50 „Das ist er auch, Effi."
„Gewiss. Und ich glaube, Niemeyer sagte nachher sogar, er sei auch ein Mann von Grundsätzen. Und das ist, glaub ich, noch etwas mehr. Ach, und ich … ich habe keine. Sieh, Mama, da liegt etwas, was mich quält und ängstigt. Er ist so lieb und gut gegen mich und so nachsichtig, aber … ich fürchte mich vor ihm."

1. Wählen Sie vier Adjektive, die Effi so, wie sie bislang gezeigt wurde, charakterisieren: kindlich – extrovertiert – lebensfreudig – natürlich – kokett – mädchenhaft – leidenschaftlich – impulsiv – ängstlich – stürmisch – gefühlsbetont – leichtsinnig – oberflächlich – überschwänglich – verwöhnt – kritisch – risikofreudig
2. Welchen Eindruck haben Sie vom Verhältnis zwischen Mutter und Tochter?
3. Effi ist von Haus aus eine höhere Tochter. Welche Erwartungen hat sie an Liebe und Ehe?
4. Wo deuten sich Differenzen zwischen Effi und Innstetten an?

Nach der Hochzeitsreise lässt sich das Paar im pommerschen Kessin nieder. Bald schon fühlt Effi sich in dem kleinen Ort sehr isoliert und von ihrem ehrgeizigen Gatten vernachlässigt. Auch die Geburt der Tochter Annie ändert nichts. Als der als Casanova bekannte Major Crampas auftaucht und ihr den Hof macht, geht sie eine Affäre mit Crampas ein, die ihr wenig bedeutet.
Innstettens Berufung als Ministerialrat nach Berlin ist der willkommene äußere Anlass für die nun 19-jährige Effi, die vom Erzähler nur ganz beiläufig angedeutete Affäre mit Crampas zu beenden. Am Abend vor ihrem dritten Hochzeitstag horcht sie in sich.

Aus dem 24. Kapitel
„[…] Und morgen um diese Stunde bin ich in Berlin. Und wir sprechen davon, dass unser Hochzeitstag sei, und er sagt mir Liebes und Freundliches und vielleicht Zärtliches. Und ich sitze dabei und höre es und habe die Schuld auf meiner Seele."
Und sie stützte den Kopf auf ihre Hand und starrte vor sich hin und schwieg.
5 „Und habe die Schuld auf meiner Seele", wiederholte sie. „Ja, da hab ich sie. Aber lastet sie auch auf meiner Seele? Nein. Und das ist es, warum ich vor mir selbst erschrecke. Was da lastet, das ist etwas ganz anderes – Angst, Todesangst und die ewige Furcht: Es kommt doch am Ende noch an den Tag. Und dann außer der Angst … Scham. Ich schäme mich. Aber wie ich nicht die rechte Reue habe, so hab ich auch nicht die rechte Scham. Ich schäme mich bloß
10 von wegen dem ewigen Lug und Trug; immer war es mein Stolz, dass ich nicht lügen könne und auch nicht zu lügen brauche, Lügen ist so gemein und nun habe ich doch immer lügen müssen, vor ihm und vor aller Welt, im Großen und im Kleinen, und Rummschüttel* hat es gemerkt und hat die Achseln gezuckt, und wer weiß, was er von mir denkt, jedenfalls nicht das Beste. Ja, Angst quält mich und dazu Scham über mein Lügenspiel. Aber Scham über mei-
15 ne Schuld, die hab ich nicht oder doch nicht so recht oder doch nicht genug, und das bringt mich um, dass ich sie nicht habe. Wenn alle Weiber so sind, dann ist es schrecklich, und wenn sie nicht so sind, wie ich hoffe, dann steht es schlecht um mich, dann ist etwas nicht in Ordnung in meiner Seele, dann fehlt mir das richtige Gefühl. Und das hat mir der alte Niemeyer in seinen guten Tagen noch, als ich noch ein halbes Kind war, mal gesagt: Auf ein richtiges Ge-
20 fühl, darauf käme es an, und wenn man das habe, dann könne einem das Schlimmste nicht passieren, und wenn man es nicht habe, dann sei man in einer ewigen Gefahr, und das, was man den Teufel nenne, das habe dann eine sichere Macht über uns. Um Gottes Barmherzigkeit willen, steht es so mit mir?"
Und sie legte den Kopf in ihre Arme und weinte bitterlich.

*Effis Arzt in Berlin

1. Formulieren Sie in eigenen Worten den inneren Konflikt, in dem Effi sich befindet.

„EIN MANN VON PRINZIPIEN" – INNSTETTENS „TROTZDEM"

Fast sieben glückliche Jahre in Berlin ziehen ins Land, die Ereignisse in Kessin sind für Effi in den Hintergrund gerückt, da findet Innstetten per Zufall ein kleines Bündel alter Liebesbriefe von Crampas in Effis Nähkästchen. Was nun folgen muss, liegt für Innstetten auf der Hand: Er bittet seinen Freund und Kollegen Wüllersdorf, ihm beim Duell zu sekundieren.

	Aussagekern Wüllersdorf	Innstetten
Aus dem 27. Kapitel		
„Es ist", begann er, „um zweier Dinge willen, dass ich Sie habe bitten lassen: erst, um eine Forderung zu überbringen, und zweitens, um hinterher, in der Sache selbst, mein Sekundant zu sein; das eine ist nicht angenehm und das andere noch weniger. Und nun Ihre Antwort."		will sich duellieren
„Sie wissen, Innstetten, Sie haben über mich zu verfügen. Aber eh' ich die Sache kenne, verzeihen Sie mir die naive Vorfrage: Muss es sein? Wir sind doch über die Jahre weg, Sie, um die Pistole in die Hand zu nehmen, und ich, um dabei mitzumachen. Indessen missverstehen Sie mich nicht, alles dies soll kein Nein sein. Wie könnte ich Ihnen etwas abschlagen. Aber nun sagen Sie, was ist es?"	fragt nach Notwendigkeit und Grund	
„Es handelt sich um einen Galan meiner Frau, der zugleich mein Freund war oder doch beinah."		gibt die äußeren Gründe
„Innstetten, das ist nicht möglich."		
„Es ist mehr als möglich, es ist gewiss. Lesen Sie."		
Wüllersdorf flog darüber hin. „Die sind an Ihre Frau gerichtet?"		
„Ja. Ich fand sie heut in ihrem Nähtisch."		
„Und wer hat sie geschrieben?"		
„Major Crampas."		
„Also Dinge, die sich abgespielt, als Sie noch in Kessin waren?"		
Innstetten nickte.		
„Liegt also sechs Jahre zurück oder noch ein halb Jahr länger."		
„Ja."		
Wüllersdorf schwieg. Nach einer Weile sagte Innstetten: „Es sieht fast so aus, Wüllersdorf, als ob die sechs oder sieben Jahre einen Eindruck auf Sie machten. Es gibt eine Verjährungstheorie, natürlich, aber ich weiß doch nicht, ob wir hier einen Fall haben, diese Theorie gelten zu lassen."		
„Ich weiß es auch nicht", sagte Wüllersdorf. „Und ich bekenne Ihnen offen, um diese Frage scheint sich hier alles zu drehen."		
Innstetten sah ihn groß an. „Sie sagen das in vollem Ernst?"		
[...]		
„Innstetten, Ihre Lage ist furchtbar und Ihr Lebensglück ist hin. Aber wenn Sie den Liebhaber totschießen, ist Ihr Lebensglück sozusagen doppelt hin und zu dem Schmerz über empfangenes Leid kommt noch der Schmerz über getanes Leid. Alles dreht sich um die Frage, müssen Sie's durchaus tun? Fühlen Sie sich so verletzt, beleidigt, empört, dass einer weg muss, er oder Sie? Steht es so?"		
„Ich weiß es nicht."		
„Sie müssen es wissen."		
Innstetten war aufgesprungen, trat ans Fenster und tippte voll nervöser Erregung an die Scheiben. Dann wandte er sich rasch wieder, ging auf Wüllersdorf zu und sagte: „Nein, so steht es nicht."		
„Wie steht es dann?"		

„Es steht so, dass ich unendlich unglücklich bin; ich bin gekränkt, schändlich hintergangen, aber trotzdem, ich bin ohne jedes Gefühl von Hass oder gar von Durst nach Rache. Und wenn ich mich frage, warum nicht, so kann ich zunächst nichts anderes finden als die Jahre. Man spricht immer von unsühnbarer Schuld; vor Gott ist es gewiss falsch, aber vor den Menschen auch. Ich hätte nie geglaubt, dass die Zeit, rein die Zeit, so wirken könne. Und dann als Zweites: Ich liebe meine Frau, ja, seltsam zu sagen, ich liebe sie noch, und so furchtbar ich alles finde, was geschehen, ich bin so sehr im Bann ihrer Liebenswürdigkeit, eines ihr eignen heiteren Charmes, dass ich mich, mir selbst zum Trotz, in meinem letzten Herzenswinkel zum Verzeihen geneigt fühle."

Wüllersdorf nickte. „Kann ganz folgen, Innstetten, würde mir vielleicht ebenso gehen. Aber wenn Sie so zu der Sache stehen und mir sagen: ,Ich liebe diese Frau so sehr, dass ich ihr alles verzeihen kann', und wenn wir dann das andere hinzunehmen, dass alles weit, weit zurückliegt, wie ein Geschehnis auf einem andern Stern, ja, wenn es so liegt, Innstetten, so frage ich, wozu die ganze Geschichte?"

„Weil es trotzdem sein muss. Ich habe mir's hin und her überlegt. Man ist nicht bloß ein einzelner Mensch, man gehört einem Ganzen an und auf das Ganze haben wir beständig Rücksicht zu nehmen, wir sind durchaus abhängig von ihm. Ging es, in Einsamkeit zu leben, so könnt ich es gehen lassen; ich trüge dann die mir aufgepackte Last, das rechte Glück wäre hin, aber es müssen so viele leben ohne dies ,rechte Glück' und ich würde es auch müssen und – auch können. Man braucht nicht glücklich zu sein, am allerwenigsten hat man einen Anspruch darauf, und den, der einem das Glück genommen hat, den braucht man nicht notwendig aus der Welt zu schaffen. Man kann ihn, wenn man weltabgewandt weiterexistieren will, auch laufen lassen. Aber im Zusammenleben mit den Menschen hat sich ein Etwas ausgebildet, das nun mal da ist und nach dessen Paragrafen wir uns gewöhnt haben alles zu beurteilen, die andern und uns selbst. Und dagegen zu verstoßen geht nicht; die Gesellschaft verachtet uns und zuletzt tun wir es selbst und können es nicht aushalten und jagen uns die Kugel durch den Kopf. Verzeihen Sie, dass ich Ihnen solche Vorlesung halte, die schließlich doch nur sagt, was sich jeder selber hundertmal gesagt hat. Aber freilich, wer kann was Neues sagen! Also noch einmal, nichts von Hass oder dergleichen, und um eines Glückes willen, das mir genommen wurde, mag ich nicht Blut an den Händen haben; aber jenes, wenn Sie wollen, uns tyrannisierende Gesellschafts-Etwas, das fragt nicht nach Charme und nicht nach Liebe und nicht nach Verjährung. Ich habe keine Wahl. Ich muss."

„Ich weiß doch nicht, Innstetten …"

Innstetten lächelte. „Sie sollen selbst entscheiden, Wüllersdorf. Es ist jetzt zehn Uhr. Vor sechs Stunden, diese Konzession will ich Ihnen vorweg machen, hatt ich das Spiel noch in der Hand, konnt ich noch das eine und noch das andere, da war noch ein Ausweg. Jetzt nicht mehr, jetzt stecke ich in einer Sackgasse. Wenn Sie wollen, so bin ich selber schuld daran; ich hätte mich besser beherrschen und bewachen, alles in mir verbergen, alles im eigenen Herzen auskämpfen sollen. […] Ich ging zu Ihnen und schrieb Ihnen einen Zettel und damit war das Spiel aus meiner Hand. Von dem Augenblicke an hatte mein

Unglück und, was schwerer wiegt, der Fleck auf meiner Ehre einen halben Mitwisser, und nach den ersten Worten, die wir hier gewechselt, hat es einen ganzen. Und weil dieser Mitwisser da ist, kann ich nicht mehr zurück."

„Ich weiß doch nicht", wiederholte Wüllersdorf. „Ich mag nicht gerne zu der alten abgestandenen Phrase greifen, aber doch lässt sich's nicht besser sagen: Innstetten, es ruht alles in mir wie in einem Grabe."

„Ja, Wüllersdorf, so heißt es immer. Aber es gibt keine Verschwiegenheit. Und wenn Sie's wahr machen und gegen andere die Verschwiegenheit selber sind, so wissen *Sie* es, und es rettet mich nicht vor Ihnen, dass Sie mir eben Ihre Zustimmung ausgedrückt und mir sogar gesagt haben: ich kann Ihnen in allem folgen. Ich bin, und dabei bleibt es, von diesem Augenblicke an ein Gegenstand Ihrer Teilnahme – schon nicht etwas sehr Angenehmes – und jedes Wort, das Sie mich mit meiner Frau wechseln hören, unterliegt Ihrer Kontrolle, Sie mögen wollen oder nicht, und wenn meine Frau von Treue spricht oder, wie Frauen tun, über eine andere zu Gericht sitzt, so weiß ich nicht, wo ich mit meinen Blicken hin soll. Und ereignet sich's gar, dass ich in irgendeiner alltäglichen Beleidigungssache zum Guten rede, ‚weil ja der Dolus fehle' oder so was Ähnliches, so geht ein Lächeln über Ihr Gesicht oder es zuckt wenigstens darin und in Ihrer Seele klingt es: ‚Der gute Innstetten, er hat doch eine wahre Passion, alle Beleidigungen auf ihren Beleidigungsgehalt chemisch zu untersuchen, und das richtige Quantum Stickstoff findet er nie. Er ist noch nie an einer Sache erstickt' … Habe ich Recht, Wüllersdorf, oder nicht?"

Wüllersdorf war aufgestanden. „Ich finde es furchtbar, dass Sie Recht haben, aber Sie haben Recht. Ich quäle Sie nicht länger mit meinem ‚Muss es sein'. Die Welt ist einmal, wie sie ist, und die Dinge verlaufen nicht, wie wir wollen, sondern wie die andern wollen. Das mit dem ‚Gottesgericht', wie manche hochtrabend versichern, ist freilich ein Unsinn, nichts davon, umgekehrt, unser Ehrenkultus ist ein Götzendienst, aber wir müssen uns ihm unterwerfen, solange der Götze gilt."

Innstetten nickte.

Sie blieben noch eine Viertelstunde miteinander und es wurde festgestellt, Wüllersdorf solle noch denselben Abend abreisen. Ein Nachtzug ging um zwölf.

Dann trennten sie sich mit einem kurzen: „Auf Wiedersehen in Kessin."

1. Im Gespräch zwischen den beiden Männern geht es um die Verletzung der Ehre und ein Duell. Warum wirkt das Gespräch dann so undramatisch?
2. Die persönlich-private und die gesellschaftlich-öffentliche Sphäre prallen mit ihren jeweiligen Ansprüchen im Gespräch aufeinander. Rekonstruieren Sie den Argumentationsverlauf stichwortartig, indem Sie den Aussagekern und die entsprechende Antwort bzw. Reaktion zusammenfassend formulieren.
3. Unterstreichen Sie alle Substantive und deren Zusätze im markierten Absatz. Was fällt Ihnen auf?
4. Das „tyrannisierende Gesellschafts-Etwas" – was meint Innstetten genau? Formulieren Sie anhand Ihrer Unterstreichungen Innstettens Standpunkt mit eigenen Worten.
5. Innstetten glaubt nicht mehr zurückzukönnen, nachdem er seinen Freund Wüllersdorf in die Begebenheit eingeweiht hat. Wie sehen Sie das? Halten Sie Innstettens Einschätzung der Macht und der Notwendigkeit gesellschaftlicher Konventionen heute für überholt?

Das Duell, das zwei Tage später in Kessin stattfindet, endet tödlich für Crampas. Obwohl Innstetten klar wird, dass er nicht aus einem starken Gefühl heraus gehandelt hat, sondern „einer Vorstellung, einem Begriff zuliebe", sieht er keine andere Möglichkeit, als Effi wegzuschicken.
Nach der Scheidung führt Effi mit ihrer Dienerin Roswitha ein zurückgezogenes Dasein in Berlin, völlig ausgeschlossen vom gesellschaftlichen Leben. Nach drei Jahren gelingt es ihr, ein Treffen mit Tochter Annie durchzusetzen.

Aus dem 33. Kapitel
„Und nun sage mir, Annie – denn heute haben wir uns ja bloß so mal wiedergesehen –, wirst du mich öfter besuchen?"
„O gewiss, wenn ich darf."
„Wir können dann in dem Prinz-Albrechtschen Garten spazieren gehen."
5 „O gewiss, wenn ich darf."
„Oder wir gehen zu Schilling und essen Eis, Ananas- oder Vanilleeis; das aß ich immer am liebsten."
„O gewiss, wenn ich darf."
Und bei diesem dritten „Wenn ich darf" war das Maß voll.
10 Effi sprang auf und ein Blick, in dem es wie Empörung aufflammte, traf das Kind. „Ich glaube, es ist die höchste Zeit, Annie; Johanna wird sonst ungeduldig." Und sie zog die Klingel. Roswitha, die schon im Nebenzimmer war, trat gleich ein. „Roswitha, gib Annie das Geleit bis drüben zur Kirche. Johanna wartet da. [...] Grüße Johanna."
Und nun gingen beide. Kaum aber, dass Roswitha draußen die Tür ins Schloss gezogen hatte,
15 so riss Effi, weil sie zu ersticken drohte, ihr Kleid auf und verfiel in ein krampfhaftes Lachen. „So also sieht ein Wiedersehen aus", und dabei stürzte sie nach vorn, öffnete die Fensterflügel und suchte nach etwas, das ihr beistehe. Und sie fand auch was in der Not ihres Herzens. Da neben dem Fenster war ein Bücherbrett, ein paar Bände von Schiller und Körner darauf, und auf den Gedichtbüchern, die alle gleiche Höhe hatten, lagen eine Bibel und ein
20 Gesangbuch. Sie griff danach, weil sie was haben musste, vor dem sie knien und beten konnte, und legte Bibel und Gesangbuch auf den Tischrand, gerade da, wo Annie gestanden hatte, und mit einem heftigen Ruck warf sie sich davor nieder und sprach halblaut vor sich hin: „Oh, du Gott im Himmel, vergib mir, was ich getan; ich war ein Kind… Aber nein, nein, ich war kein Kind, ich war alt genug, um zu wissen, was ich tat. Ich hab es auch gewusst und will
25 meine Schuld nicht kleiner machen … aber *das* ist zu viel. Denn das hier, mit dem Kind, das bist nicht *du*, Gott, der mich strafen will, das ist *er*, bloß er! Ich habe geglaubt, dass er ein edles Herz habe, und habe mich immer klein neben ihm gefühlt; aber jetzt weiß ich, dass es er ist, er ist klein. Und weil er klein ist, ist er grausam. Alles, was klein ist, ist grausam. Das hat er dem Kind beigebracht, ein Schulmeister war er immer, Crampas hat ihn so genannt, spöt-
30 tisch damals, aber er hat Recht gehabt. ‚O gewiss, wenn ich darf.' Du *brauchst* nicht zu dürfen; ich will euch nicht mehr, ich hass euch, auch mein eigenes Kind. Was zu viel ist, ist zu viel. Ein Streber war er, weiter nichts. – Ehre, Ehre, Ehre … und dann hat er den armen Kerl totgeschossen, den ich nicht einmal liebte und den ich vergessen hatte, weil ich ihn nicht liebte. Dummheit war alles, und nun Blut und Mord. Und ich schuld. Und nun schickt er mir das
35 Kind, weil er einer Ministerin nichts abschlagen kann, und ehe er das Kind schickt, richtet er's ab wie einen Papagei und bringt ihm die Phrase bei ‚Wenn ich darf'. Mich ekelt, was ich getan; aber was mich noch mehr ekelt, das ist eure Tugend. Weg mit euch! Ich muss leben, aber ewig wird es ja wohl nicht dauern."
Als Roswitha wiederkam, lag Effi am Boden, das Gesicht abgewandt, wie leblos.

1. Dies ist die leidenschaftlichste Stelle im ganzen Roman, sie läutet das Ende ein. Mit welchen sprachlichen Mitteln setzt der Autor Effis Gefühle um?
2. Wieso lässt Fontane Effi eine Gebetsstellung für ihren Gefühlsausbruch einnehmen?
3. Wen klagt sie eigentlich an?
4. Wie würden Sie als Psychoanalytiker oder Psychoanalytikerin Effis Zustand beschreiben?

„EIN ZU WEITES FELD" – AMBIVALENZ UND RESIGNATION AM ENDE DES ROMANS

Das traurige Wiedersehen mit der Tochter verstärkt Effis Leiden am Leben, das vom Hausarzt als Nervenleiden bezeichnet wird. Schriftlich appelliert er an die Eltern, Effi bei sich aufzunehmen. Diese beraten sich im Gespräch.

Aus dem 34. Kapitel
Briest schwieg und trommelte mit dem Finger auf dem Teebrett.
„Bitte, trommle nicht; sprich lieber."
„Ach, Luise, was soll ich sagen? Dass ich trommle, sagt gerade genug. Du weißt seit Jahr und Tag, wie ich darüber denke. Damals, als Innstettens Brief kam, ein Blitz aus heiterem Himmel, damals war ich deiner Meinung. Aber das ist nun schon wieder eine halbe Ewigkeit her; soll ich hier bis an mein Lebensende den Großinquisitor spielen? Ich kann dir sagen, ich habe es seit langem satt …"
„Mache mir keine Vorwürfe, Briest; ich liebe sie so wie du, vielleicht noch mehr; jeder hat seine Art. Aber man lebt doch nicht bloß in der Welt, um schwach und zärtlich zu sein und alles mit Nachsicht zu behandeln, was gegen Gesetz und Gebot ist und was die Menschen verurteilen und, vorläufig wenigstens, auch noch – mit Recht verurteilen."
„Ach was. Eins geht vor."
„Natürlich, eins geht vor; aber was ist das eine?"
„Liebe der Eltern zu ihren Kindern. Und wenn man gar bloß eines hat …"
„Dann ist es vorbei mit Katechismus und Moral und mit dem Anspruch der ‚Gesellschaft'."
„Ach, Luise, komme mir mit Katechismus, soviel du willst; aber komme mir nicht mit ‚Gesellschaft'."
„Es ist sehr schwer, sich ohne Gesellschaft zu behelfen."
„Ohne Kind auch. Und dann glaube mir, Luise, die ‚Gesellschaft', wenn sie nur will, kann auch ein Auge zudrücken. Und ich stehe so zu der Sache: Kommen die Rathenower, so ist es gut, und kommen sie nicht, so ist es auch gut. Ich werde ganz einfach telegrafieren: ‚Effi, komm.' Bist du einverstanden?"
Sie stand auf und gab ihm einen Kuss auf die Stirn. „Natürlich bin ich's. Du sollst mir nur keinen Vorwurf machen. Ein leichter Schritt ist es nicht. Und unser Leben wird von Stund an ein anderes."
„Ich kann's aushalten. Der Raps steht gut und im Herbst kann ich einen Hasen hetzen. Und der Rotwein schmeckt mir noch. Und wenn ich das Kind erst wieder im Hause habe, dann schmeckt es mir noch besser … Und nun will ich das Telegramm schicken."

1. Wie steht Herr von Briest zur „Verjährungstheorie" (S. 30, Z. 26), zur Bedeutung von Liebe und sozialen Konventionen?

Innstetten macht Karriere und erfährt von seiner Beförderung zum Ministerialdirektor, die ihm nur noch wenig bedeutet. Bevor Innstettens schmerzliche Überlegungen folgen, gibt es eine für den Roman ungewöhnliche Stelle, in der im erzählenden Kommentar eine allgemein gültig wirkende Aussage untergebracht wird.

Aus dem 35. Kapitel
Alles, was uns Freude machen soll, ist an Zeit und Umstände gebunden, und was uns heute noch beglückt, ist morgen wertlos. Innstetten empfand das tief, und so gewiss ihm an Ehren und Gunstbezeugungen von oberster Stelle her lag, wenigstens gelegen hatte, so gewiss stand ihm jetzt fest, es käme bei dem glänzenden Schein der Dinge nicht viel heraus, und das, was man „das Glück" nenne, wenn's überhaupt existiere, sei was anderes als dieser Schein. „Das Glück, wenn mir recht ist, liegt in zweierlei: darin, dass man ganz da steht, wo man hingehört – aber welcher Beamte kann das von sich sagen –, und zum Zweiten und Besten in einem

behaglichen Abwickeln des ganz Alltäglichen, also darin, dass man ausgeschlafen hat und dass einen die neuen Stiefel nicht drücken. Wenn einem die siebenhundertzwanzig Minuten eines zwölfstündigen Tages ohne besonderen Ärger vergehen, so lässt sich von einem glücklichen Tage sprechen."

Im anschließenden Gespräch mit Wüllersdorf, der sich zum Gratulieren einfindet, macht Innstetten seinen Gefühlen von Verlust und Unzufriedenheit Luft und spricht von nicht ganz ernst zu nehmenden Auswanderungsplänen.

„[…] Und da hab ich mir denn, weil das alles nicht geht, als ein Bestes herausgeklügelt: weg von hier, weg und hin unter lauter pechschwarze Kerle, die von Kultur und Ehre nichts wissen. Diese Glücklichen! Denn gerade das, dieser ganze Krimskrams ist doch an allem schuld. Aus Passion, was am Ende gehen möchte, tut man dergleichen nicht. Also bloßen Vorstellungen zuliebe … Vorstellungen! … Und da klappt denn einer zusammen und man klappt selber nach. Bloß noch schlimmer."

„Ach was, Innstetten, das sind Launen, Einfälle. Quer durch Afrika, was soll das heißen? Das ist für 'nen Leutnant, der Schulden hat. Aber ein Mann wie Sie! Wollen Sie mit einem roten Fez einem Palaver präsidieren oder mit einem Schwiegersohn von König Mtesa Blutsfreundschaft schließen? Oder wollen Sie sich in einem Tropenhelm, mit sechs Löchern oben, am Kongo entlangtasten, bis Sie bei Kamerun oder da herum wieder herauskommen? Unmöglich!"

„Unmöglich? Warum? Und *wenn* unmöglich, was dann?"

„Einfach hier bleiben und Resignation üben. Wer ist denn unbedrückt? Wer sagte nicht jeden Tag: ‚Eigentlich eine sehr fragwürdige Geschichte.' Sie wissen, ich habe auch mein Päckchen zu tragen, nicht gerade das Ihrige, aber nicht viel leichter. Es ist Torheit mit dem Im-Urwald-Umherkriechen oder In-einem-Termitenhügel-Nächtigen; wer's mag, der mag es, aber für unsereins' ist es nichts. In der Bresche stehen und aushalten, bis man fällt, das ist das Beste. Vorher aber im Kleinen und Kleinsten so viel herausschlagen wie möglich und ein Auge dafür haben, wenn die Veilchen blühen oder das Luisendenkmal in Blumen steht oder die kleinen Mädchen mit hohen Schnürstiefeln über die Korde springen. Oder auch wohl nach Potsdam fahren und in die Friedenskirche gehen, wo Kaiser Friedrich liegt und wo sie jetzt eben anfangen, ihm ein Grabhaus zu bauen. Und wenn Sie da stehen, dann überlegen Sie sich das Leben von dem, und wenn Sie dann nicht beruhigt sind, dann ist Ihnen freilich nicht zu helfen."

„Gut, gut. Aber das Jahr ist lang, und jeder einzelne Tag … und dann der Abend."

„Mit dem ist immer noch am ehesten fertig zu werden. Da haben wir ‚Sardanapal' oder ‚Coppelia'* mit der del Era◆, und wenn es damit aus ist, dann haben wir Siechen◆. Nicht zu verachten. Drei Seidel* beruhigen jedes Mal. Es gibt immer noch viele, sehr viele, die zu der ganzen Sache nicht anders stehen wie wir, und einer, dem auch viel verquer gegangen war, sagte mir mal: ‚Glauben Sie mir, Wüllersdorf, es geht überhaupt nicht ohne ‚Hilfskonstruktionen'. Der das sagte, war ein Baumeister und musst es also wissen. Und er hatte Recht mit seinem Satz. Es vergeht kein Tag, der mich nicht an die ‚Hilfskonstruktionen' gemahnte."

Wüllersdorf, als er sich so expektoriert*, nahm Hut und Stock. Innstetten aber, der sich bei diesen Worten seines Freundes seiner eigenen voraufgegangenen Betrachtungen über das „kleine Glück" erinnert haben mochte, nickte halb zustimmend und lächelte vor sich hin.

* beliebte Ballette
◆ berühmte Primaballerina am königl. (ab 1880) Opernhaus, Berlin
◆ bekanntes Bierrestaurant in Berlin
* Bierkrug

* seinen Gefühlen Luft gemacht haben

1. Wieso erwägt Innstetten einen neuen Anfang in Afrika? Welchem Klischee erliegt er hier?
2. Vergleichen Sie dieses Gespräch zwischen den beiden Männern mit ihrem ersten.
3. Wüllersdorf sprach zuvor vom „Götzendienst", nun von „Hilfskonstruktionen". Welche Konnotation* tragen die beiden Begriffe für sich genommen? Wie funktionieren sie in ihrem jeweiligen Sinnkontext?
4. Fassen Sie Wüllersdorfs „Überlebensstrategie für jeden Tag" in eigene Worte.
5. Wie frei kann man sich vom „Anspruch der Gesellschaft" machen? Kontrastieren und bewerten Sie die Position der beiden Briests mit Innstettens und Wüllersdorfs Haltung.

* emotionale Bedeutung neben der Grundbedeutung

Effi ist überglücklich, wieder in Hohen-Cremmen sein zu können. Äußerlich wieder reizend und liebenswürdig wie in ihrer unbeschwerten Mädchenzeit, zehrt sie ihr Zustand innerlich still, doch unaufhörlich auf. Sie weiß, dass ihr Leben zu Ende geht, und spricht noch einmal mit der Mutter.

Aus dem 36. Kapitel
„Du regst dich auf, Effi."
„Nein, nein; etwas von der Seele heruntersprechen, das regt mich nicht auf, das macht still. Und da wollt ich dir denn sagen: Ich sterbe mit Gott und Menschen versöhnt, auch versöhnt mit ihm."
„Warst du denn in deiner Seele in so großer Bitterkeit mit ihm? Eigentlich, verzeihe mir, meine liebe Effi, dass ich das jetzt noch sage, eigentlich hast du doch euer Leid heraufbeschworen."
Effi nickte. „Ja, Mama. Und traurig, dass es so ist. Aber als dann all das Schreckliche kam und zuletzt das mit Annie, du weißt schon, da hab ich doch, wenn ich das lächerliche Wort gebrauchen darf, den Spieß umgekehrt und habe mich ganz ernsthaft in den Gedanken hineingelebt, er sei schuld, weil er nüchtern und berechnend gewesen sei und zuletzt auch noch grausam. Und da sind Verwünschungen gegen ihn über meine Lippen gekommen."
„Und das bedrückt dich jetzt?"
„Ja. Und es liegt mir daran, dass er erfährt, wie mir hier in meinen Krankheitstagen, die doch fast meine schönsten gewesen sind, wie mir hier klar geworden, dass er in allem recht gehandelt. In der Geschichte mit dem armen Crampas – ja, was sollt er am Ende anders tun? Und dann, womit er mich am tiefsten verletzte, dass er mein eigen Kind in einer Art Abwehr gegen mich erzogen hat, so hart es mir ankommt und so weh es mir tut, er hat auch darin Recht gehabt. Lass ihn das wissen, dass ich in dieser Überzeugung gestorben bin. Es wird ihn trösten, aufrichten, vielleicht versöhnen. Denn er hatte viel Gutes in seiner Natur und war so edel, wie jemand sein kann, der ohne rechte Liebe ist."
Frau von Briest sah, dass Effi erschöpft war und zu schlafen schien oder schlafen wollte. Sie erhob sich leise von ihrem Platz und ging. Indessen kaum, dass sie fort war, erhob sich auch Effi und setzte sich an das offene Fenster, um noch einmal die kühle Nachtluft einzusaugen. Die Sterne flimmerten und im Parke regte sich kein Blatt. Aber je länger sie hinaushorchte, je deutlicher hörte sie wieder, dass es wie ein feines Rieseln auf die Platanen niederfiel. Ein Gefühl der Befreiung überkam sie. „Ruhe, Ruhe."

★

Es war einen Monat später und der September ging auf die Neige. Das Wetter war schön, aber das Laub im Parke zeigte schon viel Rot und Gelb, und seit den Äquinoktien, die drei Sturmtage gebracht hatten, lagen die Blätter überallhin ausgestreut. Auf dem Rondell hatte sich eine kleine Veränderung vollzogen, die Sonnenuhr war fort, und an der Stelle, wo sie gestanden hatte, lag seit gestern eine weiße Marmorplatte, darauf stand nichts als „Effi Briest" und darunter ein Kreuz. Das war Effis letzte Bitte gewesen: „Ich möchte auf meinem Stein meinen alten Namen wiederhaben; ich habe dem andern keine Ehre gemacht." Und es war ihr versprochen worden.
Ja, gestern war die Marmorplatte gekommen und aufgelegt worden. Rollo lag daneben, den Kopf in die Pfoten gesteckt.
Wilke, dessen Gamaschen immer weiter wurden, brachte das Frühstück und die Post und der alte Briest sagte: „Wilke, bestelle den kleinen Wagen. Ich will mit der Frau über Land fahren."
Frau Briest hatte mittlerweile den Kaffee eingeschenkt und sah nach dem Rondell und seinem Blumenbeete. „Sieh, Briest, Rollo liegt wieder vor dem Stein. Es ist ihm doch noch tiefer gegangen als uns. Er frisst auch nicht mehr."
„Ja, Luise, die Kreatur. Das ist ja, was ich immer sage. Es ist nicht so viel mit uns, wie wir glauben."

„Sprich nicht so. Wenn du so philosophierst … nimm es mir nicht übel, Briest, dazu reicht es bei dir nicht aus. Du hast deinen guten Verstand, aber du kannst doch nicht an solche Fragen …"

„Eigentlich nicht."

„Und wenn denn schon überhaupt Fragen gestellt werden sollen, da gibt es ganz andere, Briest, und ich kann dir sagen, es vergeht kein Tag, seit das arme Kind da liegt, wo mir solche Fragen nicht gekommen wären …"

„Welche Fragen?"

„Ob wir nicht doch vielleicht schuld sind?"

„Unsinn, Luise. Wie meinst du das?"

„Ob wir sie nicht anders in Zucht hätten nehmen müssen. Gerade wir. Denn Niemeyer ist doch eigentlich eine Null, weil er alles in Zweifel lässt. Und dann, Briest, so leid es mir tut … deine beständigen Zweideutigkeiten … und zuletzt, womit ich mich selbst anklage, denn ich will nicht schuldlos ausgehen in dieser Sache, ob sie nicht doch vielleicht zu jung war?"

Rollo, der bei diesen Worten aufwachte, schüttelte den Kopf langsam hin und her, und Briest sagte ruhig: „Ach, Luise, lass … das ist ein *zu* weites Feld."

ENDE

1. Effi nimmt ihre Anklage gegen Innstetten zurück – Können Sie sich vorstellen, warum?
2. Alle, Effi, Innstetten, Wüllersdorf, Herr und Frau von Briest, versuchen auf ihre Art, das Geschehene zu verstehen und ihm einen Sinn zu geben. Grundsätzliche Zweifel, vor allem aber Resignation dominieren als Einsicht die letzten Kapitel des Romans. Ordnen Sie den einzelnen Personen ein paar entsprechende Stichworte zu.
3. Der einzelne Mensch Effi Briest und ihr Gewissen auf der einen Seite und die Gesellschaft als ordnende, für alle Mitglieder verbindliche Gesetzlichkeit auf der anderen Seite. Welches der beiden Prinzipien, individuelle Entfaltung und Verantwortung nur sich selbst, dem eigenen Gewissen gegenüber oder aber übergeordnete Einbindung des Einzelnen in verbindliche und allgemein gültige Gesellschaftsstrukturen, gewinnt die Überhand? Erkennen Sie Abstufungen?
4. Fontane stand seiner zeitgenössischen Gesellschaft gegen Ende des 19. Jahrhunderts sicherlich kritisch gegenüber. Was wirft er ihr vor? Welche Verbesserungsvorschläge hat er? In welcher Passage, glauben Sie, kommt Fontanes eigene Haltung am deutlichsten zum Ausdruck? Begründen Sie Ihre Meinung.
5. Mit Blick auf Rollo sagte Briest zu seiner Frau: „Schau dir Rollo an, Luise. Es ist, als ob er uns etwas sagen wollte …" Schreiben Sie weiter.
6. Stellen Sie sich vor, Sie hätten einen Kurzfilm oder einen Comicstrip zu „Effi Briest" zu gestalten und müssten die Vorlage noch stärker kürzen, als es dieses Arbeitsheft tut. Was wäre Ihnen wichtig und auf welche Abschnitte oder angedeutete Konflikte würden Sie verzichten?

Christine Brückner:
Wenn du geredet hättest, Desdemona
Ungehaltene Reden ungehaltener Frauen.
Darin „Effi Briest an den tauben Hund Rollo"

Fontanes Äußerungen zu „Effi Briest" sind nicht widersprüchlich, aber vielgesichtig und mehrdeutig – wie auch das Ende des Romans. Trotz durchaus kritischer Zeitgenossenschaft verwahrt er sich gegen eine undifferenzierte Schwarzweißmalerei.

*Colmar Grünhagen (1828–1911), Professor der Geschichte in Breslau

An Colmar Grünhagen* am 10. Oktober 1895:
„Der natürliche Mensch will leben, will weder fromm noch keusch noch sittlich sein, lauter Kunstprodukte von einem gewissen, aber immer zweifelhaft bleibenden Wert, weil es an Echtheit und Natürlichkeit fehlt. Dies Natürliche hat es mir seit lange angetan, ich lege nur darauf Gewicht, fühle mich nur dadurch angezogen, und dies ist wohl der Grund, warum meine Frauengestalten alle einen Knacks weghaben. Gerade dadurch sind sie mir lieb, ich verliebe mich in sie, nicht um ihrer Tugenden, sondern um ihrer Menschlichkeiten, d. h. um ihrer Schwächen und Sünden willen. Sehr viel gilt mir auch die Ehrlichkeit […]"

An Clara Kühnast am 27. Oktober 1895:
„Ja, Effi! Alle Leute sympathisieren mit ihr, und einige gehen so weit, im Gegensatz dazu, den Mann als einen ‚alten Ekel' zu bezeichnen. Das amüsiert mich natürlich, gibt mir aber auch zu denken, weil es wieder beweist, wie wenig den Menschen an der so genannten Moral liegt und wie die liebenswürdigen Naturen dem Menschenherzen sympathischer sind. Ich habe dies lange gewusst, aber es ist mir nie so stark entgegengetreten wie in diesem Effi-Briest-und-Innstetten-Fall. Denn eigentlich ist er (Innstetten) doch in jedem Anbetracht ein ganz ausgezeichnetes Menschenexemplar, dem es an dem, was man lieben muss, durchaus nicht fehlt. Aber sonderbar, alle korrekten Leute werden schon bloß um ihrer Korrektheiten willen mit Misstrauen, oft mit Abneigung betrachtet. […]"

1. Natürliche Menschlichkeit oder künstliche Sittlichkeit? Sympathische Liebenswürdigkeit oder moralische Korrektheit? Bezieht Fontane in den Briefstellen eindeutig Position? Welche Argumente bietet der Romantext für die beiden Pole, die das Spannungsfeld des Romans dominieren? Sehen Sie einen Kompromiss angedeutet?
2. Wie könnte Fontane die Wahl einer Frauenfigur als Zentrum seines Romans begründen?
3. „Effi Briest" wird oft in einem Atemzug mit zwei anderen europäischen Romanen genannt: „Madame Bovary" von Gustave Flaubert (1857) und „Anna Karenina" von Lev Tolstoj (1878). Verschaffen Sie sich in den einschlägigen Nachschlagewerken einen Überblick. Wo deuten sich Parallelen an, wo Unterschiede?

Thomas Mann hält „Effi Briest" 1919 für...

[…] Fontanes ethisch modernstes Werk, das am deutlichsten über die bürgerlich-realistische Epoche hinaus in die Zukunft weist und eine schmerzlich zugestandene Überwindung der vom Dichter verkörperten Ordnungswelt bedeutet. Fontanes Welt ist ihm selbst hier nicht mehr die Welt schlechthin, nicht länger die selbstverständlich-unangezweifelte Basis alles sittlichen Lebens überhaupt – er fängt an, sie als ein Begrenztes im historischen Verlauf zu verstehen, als eine Wirklichkeit, die nur noch neben oder gar nach anderen ihr Recht haben soll; […].

1. Geben Sie diese Aussage in eigenen Worten wieder.

Von Fontanes vielleicht auch nur intuitivem Wissen um die Übergangszeitlichkeit eines Schreibens Ende des 19. Jahrhunderts geht auch der Literaturwissenschaftler Georg Lukács in einem Aufsatz von 1950 aus.

Effi Briest ist Fontanes liebenswürdigste Gestalt. Sie bleibt nicht nur geistig, auch moralisch im Grunde innerhalb des anständigen Durchschnitts eines Mädchens und einer jungen Frau aus dem Adel. Was sie zu einer unvergeßlichen Figur macht, ist die schlichte Vitalität, mit welcher sie in jeder Lage, sei diese idyllisch, gefährdet oder tragisch, die ihrem Charakter, ihren
5 Fähigkeiten angemessene menschliche Äußerungsmöglichkeit sucht und findet. Trotz gesellschaftlicher Ambitionen sind ihre Ansprüche mehr als bescheiden. Sie müssen aber in dieser Gesellschaft doch zerstampft werden. Und daß diese Vitalität sich dennoch immer wieder, wenn auch immer schwächer flackernd, aufrichtet, daß Effi nur zu Boden geworfen, aber nicht menschlich entstellt werden kann, erhebt gerade in dieser Lautlosigkeit und Anspruchs-
10 losigkeit eine harte Anklage gegen die Gesellschaft, in der nicht einmal ein solcher bescheidener Spielraum der Menschlichkeit möglich ist. Zugleich zeigt jedoch Effis innere Unverzerrbarkeit jenes menschliche Kräftereservoir auf, das von dieser Gesellschaft unnütz verbraucht und verdorben wird, das in einer anderen, in einer die Humanität pflegenden Gesellschaft spontan die Möglichkeit eines schlichten und schönen Lebens entfalten könnte.
15 Wie jeder echte Menschengestalter von dichterischem Rang in der bürgerlichen Literatur ist Fontane hier – ohne es bewußt zu wollen, ja zu wissen – ein Ankläger.
Worin liegt aber in diesen Romanen die dichterische Verallgemeinerung, die Verallgemeinerung der Kritik am alten Preußen auf die Gegenwart? Fontane zeigt hier, gerade mit Hilfe der Durchschnittlichkeit seiner Gestalten und ihrer Schicksale, wie die gesellschaftliche
20 Moral des Bismarckschen Preußen-Deutschland sich im privaten Alltagsleben auswirkt. Er zeigt, daß jeder Mensch, in dem sich nur das geringste Bedürfnis nach einem menschenähnlichen Leben regt, mit dieser Moral in Konflikt geraten muß. Der Konflikt wird in der von uns bereits dargelegten Weise ausgetragen: äußerlich durch Einhalten aller Formforderungen der Konvention; innerlich so, daß jeder Beteiligte ein mehr oder weniger gebrochener
25 Mensch wird, der nur unter Inanspruchnahme von „Hilfskonstruktionen", wie es in „Effi Briest" heißt, weiterexistieren kann; daß er, obwohl äußerlich alles in Ordnung mit ihm zu sein scheint, obwohl die Karriere usw. regelmäßig, ja zuweilen überdurchschnittlich gelingt, doch die eigentliche moralische Widerstandskraft verliert, zu einer wirklichen Tat unfähig wird. […]
30 Es gehört zur ideellen Einheitlichkeit dieses Werkes, zu seiner künstlerischen Vollendung, daß seine leidende Heldin, Effi, eine wundervoll lebendige Frauengestalt, ebenfalls nicht über den Horizont dieser „Moral" hinausblickt. Bei aller menschlich echten Gefühlsspontaneität und Lebendigkeit, bei aller feinfühligen Klugheit und praktischen Schlauheit bleibt sie in Glück und Unglück ganz eine Gestalt dieser Adelswelt. Ihre Gefühlsproteste bei den härtesten Un-
35 menschlichkeiten erhöhen sich nie auch nur zur Ahnung einer wirklichen Auflehnung gegen dieses System. Gerade dadurch erhält die Notwendigkeit ihres Zum-Opfer-Werdens eine so tiefe und ergreifende Wirkung.
Mit alledem prophezeit der alte Fontane hier ebenfalls – ohne sich darüber auch nur entfernt im klaren zu sein – seinem Bismarckschen Preußen-Deutschland ein neues Jena. Es ist frei-
40 lich eine passive, eine skeptisch-pessimistische Prophezeiung. Die Kräfte der deutschen Erneuerung liegen völlig außerhalb seines dichterischen Horizontes. Die Lene Nimptsch, die Stine und andere plebejische Gestalten sind letzten Endes ebenso passive Opfer wie Effi Briest. In keiner solchen Gestalt sind auch nur menschliche, unbewußte Keime jener Kräfte sichtbar, die aus dieser Wüste einen fruchtbaren Boden machen könnten. […]

Der Text wurde aus lizenzrechtlichen Gründen in alter Rechtschreibung wiedergegeben.

1. Welchen Aspekt des Romans stellt Lukács besonders heraus? Wie sieht sein Bild des zeitgenössischen „Bismarckschen Preußen-Deutschland" aus? Unterstreichen Sie die entsprechenden Stellen.
2. Wie charakterisiert Lukács Effi in diesem Zusammenhang? Stimmen Sie ihm zu?

Unzeitgemäße Tragik

Friedrich Hebbel, Gemälde von Carl Rahl (1855)

Obgleich das Drama auch in der zweiten Hälfte des 19. Jahrhunderts immer noch als hoch geschätzte Gattung, die Tragödie als „Spitze der Kunst" galt, fiel es de facto in seiner Bedeutung hinter die lebendigen, vielgestaltigen Formen des Erzählens, den Roman und die Novelle, zurück. Eine Ausnahme bildet das dramatische Werk Friedrich Hebbels, der sich als einer der letzten deutschen Dramatiker bemüht, eine umfassende Lösung der Aufgaben, die sich dramatischer Kunst stellten, zu finden. Selbst aus sehr ärmlichen Verhältnissen stammend, konnte der am 18. März 1813 in Wesselburen (Dithmarschen) geborene Hebbel keine höhere Schule besuchen. Materielle Sorgen dominierten besonders bis zum Beginn seiner Karriere als Dramatiker das Schaffen des lebenslänglichen Autodidakten, der den Ruf eines dichterischen und intellektuellen Einzelgängers genoss. Seit 1845 lebte er in Wien, wo er sich im folgenden Jahr mit der Schauspielerin Christine Enghaus vermählte und durch sie die Theaterwelt kennen lernte. In Wien starb er am 13. Dezember 1863.

Sein erstes Drama „Judith" (1840) verschaffte ihm eine gewisse Anerkennung, ein großer Bühnenerfolg wurden die Tragödie wie auch alle weiteren Theaterwerke jedoch nicht. Während der Revolution von 1848 plädierte Hebbel für eine konstitutionelle Monarchie, besorgt um die Wahrung von Tradition und Kultur und ratlos angesichts der sich ankündigenden gesellschaftlichen und politischen Umwälzungen.

Ohne den direkten Bezug zum aktuellen Zeitgeschehen bewusst zu suchen, lag für Hebbel das Zentrum dramatischer Spannung in der Wechselbeziehung zwischen Individuum und Gesellschaft im weitesten Sinne. Dabei ging es ihm keineswegs um die Nutzung der Bühne als Wirklichkeitsausschnitt oder als Unterhaltungsstätte; einen Realismus, der einen Teil für das Ganze nimmt, nannte er „falsch". Gerade durch seinen Rückgriff auf biblische, legendäre und historische Stoffe strebte Hebbel eine Allgemeingültigkeit an, die in ihrem Universalanspruch dem Zeitgeist widersprach. Die für die Epoche typische Tendenz zu Ausgleich und Vermittlung wird durch seine durch und durch tragische Weltsicht gesprengt; die Gegensätze, die die Spannung in Hebbels Dramen aufbauen und tragen, werden auch am Ende nicht aufgelöst.

Hebbels Tragödie „Agnes Bernauer" von 1852 widmet sich der überlieferten Geschichte der wunderschönen Baderstochter aus Augsburg. Historische Quellen und Zeugnisse zur Person Agnes Bernauer liegen kaum vor, vermutlich wurden entsprechende Unterlagen nach Agnes' Hinrichtung vernichtet. Ihr Name taucht 1432 auf im Zusammenhang mit ihrer Eheschließung mit Herzog Albrecht III., Sohn des regierenden Herzogs Ernst von Bayern, der seine Schwiegertochter auf Grund ihrer nicht adligen Herkunft drei Jahre später in der Donau als Hexe ertränken lässt.

Die Darstellungen der Ereignisse in späteren Chroniken klaffen zum Teil stark auseinander, auffällig ist jedoch die übereinstimmende Beschreibung von Agnes' besonderer Schönheit. Nach ihrem Tod stellte sie keine Gefahr mehr dar für Erbfolge und Machterhalt, sodass neben dem Ehemann auch der Schwiegervater selbst eine Kapelle zu Ehren der Ermordeten erbauen ließ und eine ewige Messe stiftete, die bis zum heutigen Tage gelesen wird.

Hebbel selbst nahm für seine Recherchen zum geschichtlichen Ablauf die „Geschichte Bayerns" von 1826 und ähnliche Quellen zur Hand.

Agnes-Bernauer-Kapelle

In Augsburg beym Turniere hatte sich Albrecht verliebt in die Tochter eines Bürgers, man sagt eines Baders, ein engelschönes Mädchen, unbescholten und rein in ihren Sitten, bescheiden in dem einfachen Anzuge. An ihr
5 hing sein Herz, und da Agnes Bernauerin auf keine Weise zur verbotenen Liebe zu gewinnen war, so heirathete er sie heimlich. Die Liebeshändel erfuhr der Vater und drückte, seiner eigenen Jugendzeit sich erinnernd, ein Auge zu. Als nun aber der Sohn mehrere Heiratsanträ-
10 ge ablehnte und dem Vater die geschehene Verehlichung nicht weiter ein Geheimnis blieb; da glaubte H. Ernst gewaltthätig durchgreifen zu müssen. Den H. Albrecht entfernt man auf ein Turnier. Zum Morde des unglücklichen Weibes sind die Anstalten zu Straubing, wo sie gewöhnlich lebte, schon getroffen. Über die Brücke hinab wurde Agnes
15 Bernauerin in die Donau gestürzt; weil sie sich aber eine Zeit lang schwimmend über dem Wasser hielt und mit heiserer Stimme zur umstehenden Menge um Hülfe rufte, so ergriff der Scherge eine Stange, verwickelte sie in das lange Goldhaar des Todesopfers und tauchte den Kopf unter.

DAS TODESURTEIL: DIE ANKLÄGER

Die ersten zwei Akte des Dramas, das Hebbel zeitlich zwischen 1420 und 1430 ansiedelt, sind schnell erzählt: Der junge Herzog Albrecht von München-Bayern verliebt sich beim Turnier unsterblich in die wunderschöne Baderstochter Agnes Bernauer, den „Engel von Augsburg". Tugendhaft, sittsam und gut, wie sie ist, kommt eine bloße Affäre für Agnes nicht in Frage, woraufhin Albrecht alle Standesschranken beiseiteschiebt und ihr einen Heiratsantrag macht, den sie, der Stimme ihres Herzens folgend, annimmt.

Agnes' Vater ist skeptisch: „Wer kann gegen die Sterne! Aber mich graust, Agnes, wenn ich an deine Zukunft denke, denn" (er zeigt auf ein Barbierbecken) „so ein Ding und eine Krone – es geht nimmermehr gut!" (II, 5)

Im dritten Akt begegnen wir dem regierenden Herzog Ernst. Dieser sorgt sich um die Stabilität im Lande. Bayern wurde dreigeteilt „wie ein Pfannkuchen" und die Herrscher der beiden anderen Herzogtümer Ingolstadt und Landshut legen alles daran, die Untertanen aufzuhetzen, um selbst von dem entstehenden Chaos zu profitieren. Sobald Herzog Ernst von der legalen Eheschließung seines Sohnes mit einer Bürgerstochter erfährt, setzt er den kränkelnden Neffen als Nachfolger ein, lässt jedoch zugleich von drei führenden Juristen ein Todesurteil für Agnes aufsetzen.

Mit dem Tode des Neffen dreieinhalb Jahre später hat er keinen rechtmäßigen Erben mehr und sieht sich veranlasst, Agnes töten zu lassen, um Albrecht zurückzurufen auf den Weg der Pflicht und Verantwortung und des dynastischen Standesbewusstseins.

Ernsts Kanzler Preising findet das Todesurteil auf seinem Schreibtisch, als die Totenglocken für den verstorbenen Neffen erklingen:
„Rechtlicher Beweis, erschöpft aus den Ordnungen des Reichs und anderen lauteren Quellen, dass die Agnes Bernauer oder Pernauer zu Augsburg wegen verbrecherischer Verleitung des jungen Herzogs Albrecht zu unrechtmäßiger Ehe, ja sogar, falls sich nicht weiters erhärten ließe, wegen bloßer Eingehung einer solchen im äußersten Falle gar wohl, zur Abwendung eines schweren Unheils, auf welche Weise es immer sei, vom Leben zum Tode gebracht werden dürfe!"
Herzog Ernst kommt hinzu und bittet Preising um seine Meinung. (IV, 4)

PREISING (*legt das Dokument auf den Tisch*). Was soll ich noch sagen!
ERNST. Was Ihr könnt! Prüft Punkt für Punkt, ich steh Euch Rede, diesmal wie allemal! Habt Ihr etwas gegen die Männer einzuwenden, die das Gutachten abgaben und den Spruch fällten?
PREISING. Gegen die Männer! Wenn der Schwabenspiegel* noch nicht zusammengestellt wäre, diesen dreien würde ich an Kaisers Statt den Auftrag geben, es zu tun!

* süddt. Rechtsbuch (ca. 1275)

ERNST. Sind sie bestechlich? Trifft einen unter ihnen der Verdacht der hohlen Hand?
PREISING. Gewiss nicht! Wenn aber auch: Herzog Ernst hat keinem etwas hineingedrückt!
ERNST. Ihr erweist mir nur Gerechtigkeit! Nicht einmal den Schweißpfennig, der ihnen gebührt hätte, und das ist die einzige Schuld, die ich nie bezahlen will!
PREISING. Ich schwöre für Euch! Aber auch für sie!
ERNST. Nun, solche Männer, so beschaffen, legten vor dritthalb Jahren nach gewissenhaftester Erwägung des Falls dies Blatt bei mir nieder und erst jetzt zieh ich's hervor. Kann man mich der Übereilung zeihen?
PREISING. Nicht Euer Feind!
ERNST. Wenn ich's vollstrecken lasse: Kann man behaupten, es sei nicht der Herzog, der seine Pflicht erfüllen, sondern der Ritter, der einen Flecken abwaschen, oder der Vater, der sich rächen will?
PREISING. Auch das nicht!
ERNST (*ergreift die Feder*). Wohlan denn!
PREISING. Gnädiger Herr, haltet noch ein!
ERNST. Ja? Gut! (*legt die Feder nieder*) Ich bin kein Tyrann und denke keiner zu werden. Aber man soll von mir auch nicht sagen: Er trug das Schwert umsonst! Wer's unnütz zieht, dem wird's aus der Hand genommen, aber wer's nicht braucht, wenn's Zeit ist, der ruft alle zehn Plagen Ägyptens auf sein Volk herab, und die treffen dann Gerechte und Ungerechte zugleich, denn unser Herrgott jätet nicht, wenn er selbst strafen muss, er mäht nur! Das erwägt und nun sprecht! (*Er setzt sich.*)
PREISING. Ich kann dies Blatt nicht widerlegen! Es ist wahr: Wenn die Erbfolge gestört wird oder auch nur zweifelhaft bleibt, so bricht früher oder später der Bürgerkrieg mit allen seinen Schrecken herein, und niemand weiß, wann er endet!
ERNST. Er bricht herein, wenn sie Kinder bekommen, er bricht herein, wenn sie keine bekommen! In dem einen Fall wollen die sich behaupten, in dem andern können Ingolstadt und Landshut sich nicht vereinigen, weil jedes den Löwenteil verlangt! Ja, es ist die Frage, ob die auch nur bis zu seinem Tode ruhig bleiben! Denn wenn sie jetzt mit ihm liebäugeln, so geschieht's, um mich zu ärgern!
PREISING. Aber es ist doch auch entsetzlich, dass sie sterben soll, bloß weil sie schön und sittsam war!
ERNST. Das ist es auch! Ja! Darum stellt' ich's Gott anheim. Er hat gesprochen. Ich warf mein eignes Junges aus dem Nest und legte ein fremdes hinein. Es ist tot!
PREISING. Und gäbe es wirklich keinen anderen Ausweg? Gar keinen?
ERNST. Ihr greift mich hart an, Ihr meint, ich könnte noch mehr tun! Und wahr ist's: In den Adern Ludwigs von Ingolstadt und Heinrichs von Landshut fließt das Blut des Geschlechts ebenso rein wie in meinem eignen!

PREISING. Daran hab ich noch nicht gedacht!

ERNST. Aber ich! Zwar wär's so arg, dass wohl auch ein Heiliger fragen würde: Herr, warum das mir? Doch, wenn's nun wär'? Der letzte Hohenstaufe starb durch Henkers Hand, mit Gottes dunklem Ratschluss kann viel bestehen, was der Mensch nicht fasst. Aber dies kann Gottes Ratschluss nicht sein, denn es hälfe nichts, und das ist mein Trost! Spräche ich zu Heinrich: Komm, Fuchs, du hast mir mein ganzes Leben lang Fallstricke gelegt und Gruben gegraben, nimm mein Herzogtum zum Lohn!, so führe Ludwig dazwischen. Spräche ich zu Ludwig: Ich bin dir noch den Dank für so manchen Schlag schuldig, der von hinten kam, hier ist er!, so griffe Heinrich mit zu und einer könnt's doch nur sein! Oder ist's nicht so?

PREISING. Gewiss!

ERNST. Es bliebe also immer dasselbe, alles ginge drunter und drüber, und die Tausende, die im Vertrauen auf mich ins Land kamen und meine Märkte zu Städten erhoben, meine Städte so weit emporbrachten, dass selbst die stolze Hansa ihnen nicht mehr ungestraft den Rücken kehren darf, würden mich und mein Andenken verfluchen!

PREISING. Ich meinte nicht das! Lasst sie entführen und dann verschwinden! Das geht jetzt leichter wie sonst, er lässt sie nicht mehr so ängstlich bewachen.

ERNST. Was wär' damit gewonnen? Er würde sie suchen bis an seinen Tod! […]

PREISING. Man breitet aus, dass sie gestorben ist. Er fand den Priester, der ihn mit ihr verband: Kann euch der Priester fehlen, der einen Totenschein ausstellt?

ERNST. Und ich sollte ihm das zweite Weib geben, solange das erste noch lebte? Nein, Preising, das Sakrament ist mir heilig, er soll nicht am Tage des Zorns wider mich zeugen und sagen: Herr, wenn ich mich mit Gräueln befleckte, so wusste ich nichts davon. Hier hilft kein Kloster, nur der Tod!

PREISING. Doch auch wohl der Papst, und wenn der sich weigert, der Kaiser! Friedrich Barbarossa schied sich selbst, Ludwig der Bayer schied seinen Sohn!

ERNST. Wie soll man scheiden, wenn keins von beiden will? Preising, ich hatte dritthalb Jahre Zeit, und das Kind, für das jetzt die Glocken gehen, war oft genug krank! (*Er greift wieder zur Feder.*) Nein, Gott will es so und nicht anders! Und gerade jetzt geht es leicht. Er reitet heut oder morgen nach Ingolstadt zum Turnier hinab. […]

PREISING. Und nachher? […] Wird er's tragen? Wird er nicht rasen und Hand an sich legen oder sich offen wider Euch empören?

ERNST. Das eine vielleicht, das andre gewiss, ich tu, was ich muss, der Ausgang ist Gottes. Ich setz ihn daran, wie Abraham den Isaak; geht er in der ersten Verzweiflung unter, und es ist sehr möglich, dass er's tut, so lasse ich ihn begraben wie sie, tritt er mir im Felde entgegen, so werf ich ihn oder halte ihn auf, bis der Kaiser kommt. Dem meld ich's, noch eh' es geschieht, und er wird nicht säumen, denn wie ich Ordnung im Hause will, so will er Ordnung im Reich. Es ist ein Unglück für sie und kein Glück für mich, aber im Namen der Witwen und Waisen, die der Krieg machen würde, im Namen der Städte, die er in Asche legte, der Dörfer, die er zerstörte: Agnes Bernauer, fahr hin! (*Er unterschreibt und geht, dann wendet er sich und winkt.*) Kanzler!

(*Ab, Preising folgt mit dem Blatt.*)

1. Welchen Zwecken dient das Stellen von Fragen in dieser Unterredung?
2. Es fällt auf, dass die Namen der beiden Liebenden im Gespräch nicht fallen. Was kann damit erreicht werden?
3. Unterstreichen Sie die zentralen Argumente für und gegen Agnes' Todesurteil.

DAS TODESURTEIL: DIE ANGEKLAGTE

Agnes, in der Personenkonstellation die eigentliche Gegenspielerin Herzog Ernsts, wird in Abwesenheit ihres Mannes überwältigt und in den Kerker gebracht. Es fällt Preising zu, Agnes von ihrer bevorstehenden Hinrichtung in Kenntnis zu setzen. (V, 2)

PREISING. Ihr wisst, wie's steht! Herzog Ernst ist alt und sein Thron bleibt unbesetzt, wenn Gott ihn abruft, oder sein einziger Sohn muss ihn besteigen. Nun, Albrecht kann Euch nimmermehr mit hinaufnehmen, und da er sich von Euch nicht trennen will, so müsst Ihr Euch von ihm trennen!

AGNES. Ich mich von ihm! Eher von mir selbst!

PREISING. Ihr müsst! Glaubt's mir, glaubt's einem Mann, der Euer Schicksal schon kennt, wie Gott, und es gern noch wenden möchte! Ihr könnt kein Misstrauen in mich setzen; warum wär' ich gekommen, wenn Euer Los mir nicht am Herzen läge? Meines Arms bedurfte es doch gewiss nicht; Ihr habt's ja gesehen, wie überflüssig ich war und welchen Gebrauch ich von meinem Schwert machte. Ich zog mit, weil Ihr mich erbarmet; ich suche Euch jetzt im Kerker, im Vorhof des Todes, auf, weil ich allein noch helfen kann, doch ich wiederhol's Euch: Ihr müsst!

AGNES. Ihr habt den armen Menschen gerettet, der vorhin sein Leben für mich wagte, ich muss glauben, dass Ihr's aufrichtig meint, aber Ihr seid ein Mann und wisst nicht, was Ihr fordert! Nein, nein! Das in Ewigkeit nicht!

PREISING. Nicht zu rasch, ich beschwör Euch! Wohl mag's ein schweres Opfer sein, doch wenn Ihr's verweigert, so wird man – könnt Ihr noch zweifeln nach allem, was heute geschah? – aus Euch selbst ein Opfer machen! Ja, ich gehe vielleicht schon weiter, als ich darf, indem ich Euch überhaupt noch eine Bedingung stelle, und tu's auf meine eigne Gefahr!

AGNES. Ihr wollt mich erschrecken, aber es wird Euch nicht gelingen! (*Sie hält sich an einem Tisch.*) So leicht fürchte ich mich nicht, dies Zittern meiner Knie kommt noch von dem Überfall! Mein Gott, erst die Trompeten, dann die blutigen Schwerter und die Toten! Aber für mich besorg ich nichts, ich bin ja nicht in Räuberhänden und Herzog Ernst ist ebenso gerecht als streng! (*Sie setzt sich.*) Seht mich nicht so an, mir ward jetzt so wunderlich, weil der tote Törring♦ mir auf einmal vor die Seele trat, es ist schon wieder vorüber. (*Sie erhebt sich wieder.*) Was könnte mir auch wohl widerfahren! Ist doch selbst ein Missetäter, solange der Richter ihn noch nicht verurteilt hat, in seinem Kerker so sicher, als ob die Engel Gottes ihn bewachten, und ich habe den meinigen noch nicht einmal erblickt! Nein, nein, so hat mein Gemahl nicht von seinem Vater gesprochen, dass ich dies glauben dürfte! Doch, wenn's auch so wäre, wenn der Tod – es ist unmöglich, ich weiß es, ganz unmöglich – aber wenn er wirklich schon vor der Tür stände und meine Worte zählte: Ich könnte nimmermehr anders!

PREISING. Der Tod steht vor der Tür, er kommt, wenn ich gehe, ja er wird anklopfen, wenn ich zu lange säume! Schaut einmal durchs Gitter zur Brücke hinüber! Was seht Ihr?

AGNES. Das Volk drängt sich, einige heben die Hände zum Himmel empor, andere starren in die Donau hinab, es liegt doch keiner darin?

PREISING (*mit einem Blick auf sie*). Noch nicht!

AGNES. Allmächtiger Gott! Versteh ich Euch?

PREISING (*nickt*).

AGNES. Und was hab ich verbrochen?

PREISING (*hebt das Todesurteil in die Höhe*). Die Ordnung der Welt gestört, Vater und Sohn entzweit, dem Volk seinen Fürsten entfremdet, einen Zustand herbeigeführt, in dem nicht mehr nach Schuld und Unschuld, nur noch nach Ursach' und Wirkung gefragt werden kann! So sprechen Eure Richter, denn das Schicksal, das Euch bevorsteht, wurde schon vor Jahren von Männern ohne Furcht und ohne Tadel über Euch verhängt und Gott selbst hat den harten Spruch bestätigt, da er den jungen Prinzen zu sich rief, der die Vollziehung

♦Ritter auf der Seite Herzog Albrechts

allein aufhielt. Ihr schaudert, sucht Euch nicht länger zu täuschen, so ist's! Und wenn's einen Edelstein gäbe, kostbarer wie sie alle zusammen, die in den Kronen der Könige funkeln und in den Schachten der Berge ruhen, aber ebendarum auch ringsum die wildesten Leidenschaften entzündend und Gute wie Böse zu Raub, Mord und Totschlag verlockend: dürfte der Einzige, der noch ungeblendet blieb, ihn nicht mit fester Hand ergreifen und ins Meer hinunterschleudern, um den allgemeinen Untergang abzuwenden? Das ist Euer Fall, erwägt's und bedenkt Euch, ich frage zum letzten Mal!

AGNES. Erwägt auch Ihr, ob Ihr nicht verlangt, was mehr als Tod ist! Ich entsage meinem Gemahl nicht, ich kann's und darf's nicht. Bin ich denn selbst noch, die ich war? Hab ich bloß empfangen? Hab ich nicht auch gegeben? Sind wir nicht eins, unzertrennlich eins durch Geben und Nehmen, wie Leib und Seele? Aber ich verbürge mich für ihn, dass er dem Thron entsagt! Fürchtet nicht, dass ich verspreche, was er nicht halten wird! Ich hab's aus seinem eignen Munde, wie ein Zauberwort für die höchste Gefahr! Zwar glaubt' ich längst nicht mehr, dass ich's noch brauchen würde, aber diese Stunde hat's mir entrissen, und nun braucht's, wie Ihr wollt!

PREISING. Das rettet Euch nicht mehr! Herzog Albrecht kann die angestammte Majestät so wenig ablegen als Euch damit bekleiden, sie ist unzertrennlich mit ihm verbunden, wie die Schönheit, die ihn fesselt, mit Euch. Will er's nicht seinen Segen nennen, so nenne er's seinen Fluch, aber er gehört seinem Volk und muss auf den Thron steigen wie Ihr ins Grab. Euch rettet's nur noch, wenn Ihr Eure Ehe für eine sündliche erklärt und augenblicklich den Schleier nehmt.

AGNES. Wie mild ist Herzog Ernst! Der will doch nur mein Leben! Ihr wollt mehr! Ja, ja, das braucht' ich bloß zu tun, so wär' ich für ihn wie nie dagewesen; ich selbst hätte mein Andenken in seiner Seele ausgelöscht und er müsste erröten, mich je geliebt zu haben! Mein Albrecht, deine Agnes dich abschwören! O Gott, wie reich komm ich mir in meiner Armut jetzt auf einmal vor, wie stark in meiner Ohnmacht! Diesen Schmerz kann ich doch noch von ihm abwenden! Das kann mir doch kein Herzog gebieten! Nun zittre ich wirklich nicht mehr!

PREISING. Oh, dass Euer alter Vater neben mir stände und mich unterstützte! Dass er spräche: Mein Kind, warum willst du einen Platz nicht freiwillig wieder aufgeben, den du doch nur gezwungen einnahmst? Denn ich weiß ja, dass dies Euer Fall war!

AGNES. Gezwungen? So also wird meine Angst, mein Zittern und Zagen ausgelegt? Oh, wenn Ihr mir Euer Mitleid geschenkt habt, weil Ihr das glaubt, so nehmt's zurück und quält mich nicht länger, ich habe keinen Anspruch darauf. Nein, nein, ich wurde nicht gezwungen! So gewiss ich ihn eher erblickt habe als er mich, so gewiss habe ich ihn auch eher geliebt, und das war gleich, als ob's immer gewesen wäre und in alle Ewigkeit nicht wieder aufhören könne. Darum keine Anklage gegen ihn, ich war früher schuldig als er! Nie zwar hätt' ich's verraten, ich hätte vielleicht nicht zum zweiten Mal zu ihm hinübergeschaut, sondern im Stillen mein Herz zerdrückt und unter Lachen und Weinen ein Gelübde getan. Ach, ich schämte mich vor Gott und vor mir selbst, mir war, als ob mein eignes Blut mir über den Kopf liefe, ich erwiderte ein Lächeln des armen Theobald♦, um mir recht wehzutun. Doch als er nun am Abend zu mir herantrat, da wandte ich mich zuerst freilich auch noch ab, aber nur wie ein Mensch, der in den Himmel eintreten soll und weiß, dass er dem Tode die Schuld noch nicht bezahlt hat! Wenn ein Engel den mit sanfter Gewalt über die Schwelle nötigt: hat er ihn gezwungen?

PREISING. So ist es Euer letztes Wort?

♦Geselle von Agnes' Vater

---

1. Vergleichen Sie Preisings Rolle in den beiden Unterredungen. Wo sehen Sie Unterschiede?
2. Wäre Trennung von Albrecht und Rückzug ins Kloster, auch mit Blick auf die Unterredung zwischen Kanzler und Herzog, tatsächlich eine Möglichkeit, die Ermordung zu vermeiden?
3. Die tragische Katastrophe, Agnes' Hinrichtung, steht unmittelbar bevor. Schreiben Sie Agnes' letzten Brief an Albrecht und nennen Sie die Gründe für ihr Verhalten.

DAS LIED VON DER „AGNES BERNAUERIN"

Liebe, Macht, Opfer, Schönheit, Mord – kein Wunder, dass diese tragische Geschichte bereits im fünfzehnten Jahrhundert in Volksliedern und Moritaten besungen wurde und später in unzähligen Bearbeitungen mit zum Aufführungsrepertoire der wandernden Schauspieltruppen gehörte.

Agnes Bernauerin

Es reiten drei Reiter zu München hinaus,
sie reiten wohl vor der Bernauerin Haus:
„Bernauerin, bist du darinnen?

Bist du darinnen, so tritt du heraus!
5 Der Herzog ist draußen vor deinem Haus
mit all seinem Hofgesinde."

Sobald die Bernauerin vors Tor naus kam,
drei Herren gleich die Bernauerin vernahm'n:
„Bernauerin, was willst du machen?

10 Ei, willst du lassen den Herzog entwegen
Oder willst du lassen dein jung frisches Leben
ertrinken im Donauwasser?" –

„Und eh ich will lassen mein'n Herzog entwegen,
so will ich lassen mein jung frisches Leben
15 ertrinken im Donauwasser.

Der Herzog ist mein und ich bin sein;
der Herzog ist mein und ich bin sein;
sind wir gar treu versprochen."

Bernauerin auf dem Wasser schwamm,
20 Maria Gottes hat sie gerufen an,
sollt ihr aus dieser Not helfen:

„Hilf mir, Maria, aus dem Wasser heraus,
mein Herzog lässt dir bauen ein Gotteshaus,
von Marmelstein einen Altar!"

25 Sobald sie dies hat gesprochen aus,
Maria Gottes hat ihr geholfen heraus
und von dem Tod sie errettet. –

Sobald die Bernauerin auf die Brucken kam,
ein Henkersknecht zur Bernauerin kam:
30 „Bernauerin, was willst du machen?

Ei, willst du werden ein Henkersweib?
Oder willst du lassen dein'n jung stolzen Leib
ertrinken im Donauwasser?"

„Und eh ich will werden ein Henkersweib,
35 so will ich lassen mein'n jung stolzen Leib
ertrinken im Donauwasser!"

Es stund kaum auf den dritten Tag,
dem Herzog kam ein traurige Klag:
„Bernauerin ist ertrunken –"

40 „Auf, rufet mir alle Fischer daher,
sie sollen fischen bis an das Rote Meer,
dass sie mein feines Lieb suchen!"

Es kommen gleich alle Fischer daher,
sie haben gefischt bis an das Rote Meer,
45 Bernauerin haben sie gefunden.

Sie legen's dem Herzog wohl auf den Schoß,
der Herzog viel tausend Tränen vergoss,
er tät gar herzlich weinen.

„So rufet mir her fünftausend Mann,
50 einen neuen Krieg will ich nun fangen an
mit meinem Herrn Vater eben!

Und wär mein Herr Vater mir nicht so lieb,
so ließ ich ihn henken als wie einen Dieb,
wär aber eine große Schande."

55 Es stund kaum auf den dritten Tag,
dem Herzog kam ein traurige Klag:
sein Herr Vater ist gestorben.

„Die mir helfen meinen Herrn Vater begraben,
rote Manteln müssen sie haben,
60 rot müssen sie sich tragen.

Und die mir helfen mein Feinslieb begraben,
schwarze Manteln müssen sie haben,
schwarz müssen sie sich tragen!

So wollen wir stiften ein ewige Mess,
65 dass man der Bernauerin nicht vergess,
man wolle für sie beten."

1. Wo sehen Sie sprachliche und inhaltliche Unterschiede zwischen dem Drama und dem Lied?
2. An welches Publikum wendet sich das Volkslied, an wen das Drama?
3. In einem Brief an seinen Intendanten Dingelstedt vom 12.12.1851 bemerkte Hebbel über sein Drama: „Ich habe eine einfach rührende, menschlich schöne Handlung, treu und schlicht, wie der Chronist sie überliefert, in die Mitte gestellt …" Trifft diese Äußerung nicht eher für das Lied zu? Diskutieren Sie.

„Das Drama stellt den Lebensprozess an sich dar. Und zwar nicht bloß in dem Sinne, dass es uns das Leben in seiner ganzen Breite vorführt, was die epische Dichtung sich ja wohl auch zu tun erlaubt, sondern in dem Sinne, dass es uns das bedenkliche Verhältnis vergegenwärtigt, worin das aus dem ursprünglichen Nexus* entlassene Individuum dem Ganzen, dessen Teil es trotz seiner unbegreiflichen Freiheit noch immer geblieben ist, gegenübersteht."

*lat., Zusammensetzung, Verknüpfung

1. Das ständige Spannungsverhältnis zwischen überindividueller Rolle als Mitglied einer größeren Ordnung (Familie, Zunft, Nation etc.) und unserem Dasein als Individuum zieht sich auch durch „Agnes Bernauer". Suchen Sie entsprechende Oppositionen.
2. Die jüngere Generation folgt ihren Gefühlen und strebt nach individueller Freiheit. Die ältere Generation in Person Herzog Ernsts argumentiert mit Staatsmoral und setzt sich durch: Der Einzelne muss sich den Interessen des allgemeinen, wohl geordneten Ganzen unterordnen. Wo sehen Sie Parallelen zwischen dem Konflikt und der Versöhnung zwischen Vater und Sohn einerseits und den Forderungen und dem Scheitern der bürgerlichen Emanzipationsbemühungen 1848 andererseits?
3. Was könnte Hebbel dazu bewogen haben, das Stück in einem Brief an seinen Intendanten Dingelstedt vom 12.12.1851, in dem er die Fertigstellung des Dramas mitteilte, „politisch und sozial unverfänglich" zu nennen?

Am 11. Dezember 1852 bat Hebbel den Literaturhistoriker Georg Gottfried Gervinius um eine Stellungnahme zu „Agnes Bernauer". Dieser antwortete zurückhaltend:

„Dass die Notwendigkeit oder die menschliche Ordnung hier über die natürliche einen Sieg davonträgt, dass das Schöne und Sittliche ihr schuldlos geopfert wird, scheint mir wirklich nur in der Geschichte zu ertragen, wo die einzelne Unebenheit, wie die räumliche auf dem Erd-
5 ball, neben dem großen Ganzen verschwindet. Die Kunst aber hat darin ein anderes Gesetz, dass ebenjedes Kunstwerk ein Ganzes für sich ist, während die Geschichte aus lauter Episoden besteht. Soll in dem Kunstwerk die menschliche Ordnung gegen die natürliche Recht behalten, so muss wohl immer im Verfolgen dieses Letzteren ein Unmaß Statt haben;
10 ich wenigstens kann mich von dem Aberglauben an die sittliche Gerechtigkeit nicht losmachen, die man sinnvoll genug, wenn auch uneigentlich, die poetische nennt."

Grabstein der Agnes Bernauer in der Bernauer-Kapelle bei St. Peter, Holzstich um 1880

Die bürgerl. Revolution 1848 und ihr Scheitern

1. Nicht Agnes' Hinrichtung, sondern die Versöhnung zwischen Vater und Sohn steht am Ende des Trauerspiels. Überlegen Sie, auch mit Blick auf die Ihnen bekannten Textstellen, was Gervinius in diesem Zusammenhang mit „poetischer Gerechtigkeit" meint.
2. Wie könnte ein poetisch gerechtes Ende aussehen?
3. Wenn Sie eine moderne Inszenierung der „Agnes Bernauer" zu gestalten hätten, in welchem sozialen und/oder geschichtlichen Kontext würden Sie die Handlung ansetzen? Welche Konflikte erscheinen Ihnen auf unsere Zeit übertragbar? Wo sehen Sie Probleme?

Das Labyrinth der Wirklichkeit

Atelierwand, 1872

In einem Geburtstagsgedicht, das Theodor Fontane zu Adolph Menzels siebzigstem Geburtstag 1885 verfasste, wird Fontane vom preußischen König Friedrich II. gefragt, wer Menzel sei. Seine Antwort:

„Ja, wer ist Menzel? Menzel ist sehr vieles,
Um nicht zu sagen alles; mindestens ist er
Die ganze Arche Noäh, Tier und Menschen:
Putthühner, Gänse, Papageien und Enten,
5 Schwerin und Seydlitz, Leopold von Dessau,
Der alte Zieten, Ammen, Schlosserjungen,
Katholische Kirchen, italien'sche Plätze,
Schuhschnallen, Bronzen, Walz- und Eisenwerke,
Stadträte mit und ohne goldne Kette,
10 Minister, missgestimmt, in Kaschmirhosen,
Straußfeder, Hofball, Hummermayonnaise,
Der Kaiser, Moltke, Gräfin Hacke, Bismarck …"

1. „Die ganze Arche Noäh" – so fasste Theodor Fontane die erstaunliche Themenvielfalt des künstlerischen Werkes seines Freundes Menzel zusammen. Welchen Themen widmete sich Menzel diesem Geburtstagsgruß zufolge?
2. Einen anderen Kosmos, einen aus gipsernen Fragmenten, stellt Menzels Stillleben „Atelierwand" von 1872 dar. Anscheinend wahllos arrangiert und gleichwertig nebeneinander hängen der Kopf eines Hundes, die Dichtermaske Dantes, der Körper der Venus von Milo …
Vergleichen Sie die beiden „Inventarlisten" mit Blick auf Position bzw. Perspektive und Stimmung, aus der heraus sie erstellt wurden.

DER AUGENZEUGE MENZEL

1830 war die gesamte Familie Menzel aus der schlesischen Provinz in das aufstrebende Berlin gekommen, wo der Vater auf mehr Erfolg für das eigene Lithografengeschäft, aber auch auf bessere Chancen für eine systematische Ausbildung für den zeichnerisch begabten ältesten Sohn Adolph hoffte. Tatsächlich war es der sechzehnjährige Adolph, der die Familie mit seinen lithografischen Arbeiten nach dem Tode des Vaters erhalten konnte. Die Ausflüge des jungen Mannes in die Welt des akademischen Lernens blieben dagegen eher kurz und enttäuschend. Vor allem im Selbststudium vervollkommnete er die Kunst des Zeichnens, die ihm Broterwerb, aber auch Lebenselixier war, wie seine mit unermüdlichem Eifer geführten Skizzenbücher belegen.

Mit Bleistift, Brille und Opernglas ausgerüstet beobachtete Menzel, der mit der rechten ebenso gut wie mit der linken Hand zeichnen konnte, immer wieder seine unmittelbare Umwelt und hielt sie in Momentaufnahmen fest. Dass ihm, dem kritisch registrierenden, aber auch distanzierten Beobachter, eine peinlich genaue Wiedergabe dabei nicht das Wichtigste war, betonte er schon im Alter von 21 Jahren. „Mehr geistreich und charakteristisch" wollte er die Gegenstände in der Kunst behandelt sehen und formulierte prägnant: „Nicht alles ist naturwahr, was der Natur ängstlich genau nachgeschrieben ist."

Selbstbildnis, 1876

Kein kommerzieller Erfolg, aber der künstlerische Durchbruch kam 1839 mit dem Auftrag, Franz Kuglers „Geschichte Friedrichs des Großen" (1839–1842) und den Nachfolgeband „Werke Friedrichs des Großen" (1843–1849) zu illustrieren. Ein Großteil der Arbeiten, die in den nächsten Jahrzehnten entstanden, standen im Zeichen des preußischen Herrschers. Mit Leidenschaft versenkte Menzel sich in die aristokratische Welt des 18. Jahrhunderts, konsultierte historische Quellen in Archiven und Bibliotheken, zeichnete an den Originalschauplätzen in Berlin, Potsdam und Dresden und studierte gewissenhaft die Mal- und Zeichenkunst des Rokoko. In seinem Bestreben, als zeitgenössischer Beobachter und eben nicht aus der historischen Distanz des eigenen 19. Jahrhunderts heraus zu schildern, zeigte er Friedrich II. als Menschen und nicht als idealisierten Heroen.

In Hunderten von Holzschnitten bis hin zu einer Serie gemalter Darstellungen aus dem Hof- und Kriegsleben Friedrichs II., die er auf eigene Faust ausführte, präsentierte Menzel den König als Privatmenschen und fürsorglichen Landesvater eines aufgeklärten Preußen.

gemalt 1840

gemalt 1856

1. Welchen Eindruck bekommen Sie beim Betrachten der Illustrationen?
2. Welche Seiten Friedrichs II. hat Menzel besonders betont?
3. Der Autor der „Geschichte" und der „Werke Friedrichs des Großen", Franz Kugler, verglich Menzels Abbildungen euphorisch mit Daguerreotypien, den Vorläufern der modernen Fotografie, die nach ihrem Erfinder Daguerre (1787–1851) benannt wurden. Finden Sie den Vergleich gerechtfertigt?

VOM HISTORISCHEN ZUM ZEITGENÖSSISCHEN ALLTAG

Ab Mitte der 50er-Jahre wandte sich Menzel verstärkt erlebten Alltagsbildern zu, die zunächst nicht öffentlich ausgestellt wurden. Wie bei seinen historischen Themen ging es auch hier nicht um das Festhalten eines entscheidenden Höhepunkts der Handlung. Gerade das Fehlen dieses Höhepunkts ermöglichte es Menzel, im Kunstwerk die Illusion von Wirklichkeit zu gestalten, die dem Betrachter das Gefühl vermittelt, selbst an der dargestellten Szene beteiligt zu sein. Die thematische Vielfalt der nun entstehenden Gemälde und Zeichnungen erinnert tatsächlich ein wenig an das bunte Durcheinander der Arche Noah, das Fontane in seinem Geburtstagsgedicht beschwört: Neben vielfältigen Tierdarstellungen finden sich Abbildungen von Männern, Frauen und Kindern aus den unterschiedlichsten Schichten; von schlafenden, essenden, arbeitenden Menschen in privaten oder öffentlichen Lebensbereichen; von Kanzeln, Baustellen, Hinterhöfen, öffentlichen Gärten, Fabriken ...

Bereits 1850 wurde Menzel Mitglied des Berliner literarischen Vereins „Tunnel über der Spree", einer Vereinigung von Dichtern, Schriftstellern, Wissenschaftlern u. a., die sich regelmäßig zu Gesprächen über Literatur und Kunst trafen. Bald folgte eine Mitgliedschaft in der Königlichen Akademie der Künste, in deren Senat er später auch berufen wurde. Mit dem Auftrag des Königs 1861, ein repräsentatives Gemälde der „Krönung König Wilhelms I. in Königsberg" anzufertigen, war Menzel endgültig anerkannt als bedeutender Künstler und Persönlichkeit der Berliner Kunstszene. Er wurde nun zu allen Hoffestlichkeiten eingeladen und mit Ehrungen aller Art überhäuft.

1873 und 1875 kaufte die preußische Regierung drei Gemälde für die geplante Nationalgalerie: das „Flötenkonzert" sowie die „Tafelrunde Friedrichs des Großen in Sanssouci" und das gerade entstandene „Eisenwalzwerk", das den Untertitel „Moderne Cyklopen" trägt und als das erste große Gemälde Deutschlands von einer industriellen Produktionsstätte gilt, auf dem nicht die Maschinen, sondern die Arbeiter dominieren.

s. S. 20

Das Eisenwalzwerk (Moderne Cyklopen). Gemälde von Adolph Menzel, 1872/75

Von seinen späten Großstadtbildern mit Menschenmassen hat Menzel nur eines der preußischen Hauptstadt gewidmet. Allerdings nahm er für dieses Stadtporträt einen historisch bedeutsamen Moment zum Anlass: die Ausfahrt des Königs Wilhelm I., der den Oberbefehl über die Truppen aller Staaten des Deutschen Bundes übernommen hatte, zum Heer.

1. Der ursprüngliche Titel des Gemäldes lautete „Die Linden Berlins am Nachmittag des 31. Juli 1870". Später wurde es umbenannt in „Abreise König Wilhelms I. zur Armee am 31. Juli 1870". Stellen Sie Vermutungen über die Gründe der Umbenennung an.
2. Zeitgenössische Kritiker werfen Menzels Gemälde mangelnden Patriotismus vor. Überlegen Sie, wieso.
3. Fontane lobt dagegen das „Hineinragen des Großen in das Kleinleben (während so viele ‚Historiker mit dem Pinsel' das Großstadtleben mit ihrer eigenen Alltäglichkeit füllen)" (Fontane an Menzel, 2. 7. 1871). Was ist gemeint? Ziehen Sie auch Menzels Illustrationen zum Leben und Werk Friedrichs II. mit in Betracht.
4. Wie im realistischen Roman seines Dichterfreundes Fontane finden sich auch Spott und Humor in Menzels klarem und kritischem Blick auf die Wirklichkeit. Inwiefern sehen Sie dies im „Abreise"-Gemälde ausgestaltet?
5. Können Sie sich vorstellen, an welchen Punkten und wie ein zur gleichen Zeit arbeitender realistischer Autor die Vorbeifahrt des königlichen Paares erzählen würde? Wo könnte die situationsbezogene, treue Wiedergabe aufgegeben werden, um dichterisch zu „verklären"?
6. Stellen Sie sich Menzels Gemälde als einen fotografischen Schnappschuss eines Informationen sammelnden, vorbeieilenden Reporters vor. Schreiben Sie einen faktenbezogenen Zeitungsartikel für ein seriöses Blatt.

Menzel in seinem Atelier, um 1895

Menzel wollte mit seiner Kunst nicht die Gesellschaft verbessern oder den Menschen veredeln, sondern die Wirklichkeit in allen ihren Erscheinungsformen ergründen und festhalten. Sein Realismus ist nicht primär Sozialkritik, sondern Bestandsaufnahme. So sparte er Elend und Armut ebenso wenig aus wie Prunk und Pracht, widmete sich norwegischen Fettaustern mit einem ähnlich bohrenden Blick wie sterbenden Soldaten. Diese Konzentration auf das Hier und Jetzt, auf den Augenblick ist ein Bekenntnis zur Zeitgenossenschaft.

Die Aufmerksamkeit für die moderne Existenz, die bewusste Einbindung in die Gegenwart, verband Menzel mit anderen europäischen Künstlern seiner Zeit. Viele der Maler wie auch Schriftsteller konzentrierten sich in ihren Kunstwerken auf die Wiedergabe von Wahrnehmungsinhalten und damit auf die Vermittlung von vielschichtiger Wirklichkeit.

Menzel starb am 9. Februar 1905 im Alter von 90 Jahren. Nach einem Staatsbegräbnis wurde ihm zu Ehren bereits Ende März eine große Gedenkausstellung ausgerichtet. Sein Lebenswerk birgt Hinweise auf sein persönliches Schicksal, aber in noch stärkerem Maße auf seine Zeitzeugenschaft, die in vielen Gemälden und unzähligen Skizzen verewigt wurde.

Unbekannter Zeichner: Karikatur Menzels aus einem Album des „Vereins Berliner Künstler", um 1870

Die Korrektheit der Linien

Frühe Daguerrotypie
Richard Wagners (um 1842)

Die Bekanntgabe der Erfindung der Fotografie in Paris war eine Sensation im Jahre 1839. Die ersten Betrachter dieser nach ihrem Schöpfer benannten „Daguerreotypien" waren fasziniert von der außerordentlichen Präzision der Wirklichkeitswiedergabe dieser frühen Fotografien, die allen gebräuchlichen zeitgenössischen Verfahren wie Stahlstich oder Lithografie haushoch überlegen schien.
Ein Korrespondent des „Kunstblattes", Eduard Kolloff, berichtete begeistert (24. 9. 1839):

„Diese ganz einzigen Kopien zeichnen sich durch Nettigkeit, Bestimmtheit, Relief und unerhörte Wahrheit aus. […] Das Vergrößerungsglas macht […] den unermesslichen Vorzug dieser von den Strahlen des Sonnenlichts gestochenen Kupferstiche nur noch einleuchtender; wir entdecken mit jedem Schritt immer neue, immer köstlichere Einzelheiten und unendlich viele Feinheiten und Nuancierungen, welche dem unbewaffneten Auge in der Wirklichkeit entschlüpfen."

Der in Paris lebende Kunstkritiker fuhr fort:

„Das Verfahren Daguerres erfüllt gewisse Ansprüche der Kunst in einem so hohen Grade, dass es selbst für die vorzüglichsten Maler eine Veranlassung zu neuen Studien und Beobachtungen wird. Das Auffallendste an diesen fotografischen Zeichnungen ist, dass diese unglaubliche Ausführlichkeit keineswegs die Ruhe der Massen stört noch der allgemeinen Wirkung Abbruch tut. Die Korrektheit der Linien, die Genauigkeit der Formen geht in den Zeichnungen Daguerres so weit als möglich; und sie sind dabei zugleich kräftige Muster in breit gehaltener Manier und schöne Ganze in Ton und Wirkung. Der Maler hat sonach darin ein Mittel, Sammlungen von Studien anzulegen, welche er sonst nur mit großem Aufwand von Zeit und Mühe und bei allem dem doch nicht so vollkommen erhalten könnte, wenn er auch ein noch so ausgezeichnetes Talent hätte."

Der folgende Auszug stammt aus dem „Deutschen Kunstblatt" von 1856, der Text bezieht sich auf den Druck eines kleinen Albums mit Fotos von arrangierten Alltagsgegenständen und Szenen:

* selbst ernannt
* Stadtansicht

Sagen wir es nur gerade heraus, die Handwerker unter den Künstlern sind es, die das Lichtbild zu fürchten haben, die soi-disant* Künstler ohne Gedanken und Erfindung. „Geht uns", darf die Gegenwart sagen, „mit Euren seelenlosen Porträts, Euren stimmungslosen Veduten*, Euren gedankenlosen, zehnmal wiedergekäuten Genrebildern, an denen, wenn's hoch kommt, Atlasroben und Plüschteppiche das Beste sind: Das alles macht der Fotograf besser als Ihr und billiger!" 5
[…] Wir hatten neulich das Vergnügen, ein wenig – ausgelacht zu werden, als wir zwischen Scherz und Ernst behaupteten, die Fotografie werde mit der Zeit in der Kunst das *Ideale* fördern. „Ich bitte Sie!", riefen die Herren und Damen, „was kann realistischer sein als das Lichtbild?" – „Gerade deshalb", war unsre Antwort. „Es kann und wird uns zeigen, worin die 10

Kunst *nicht* besteht. Die Künstler werden es müde werden, mit ihm in Dingen zu konkurrieren, wo sie stets durch eine rein mechanische Operation zu überwinden sind. Sie werden sich seiner als *Hülfsmittel* bedienen, sie werden für das *Wie* unaufhörlich von ihm lernen, von der fixierten Natur gleichsam wie von der beweglichen […], aber sie werden ihre Stärke in dem
15 suchen, was nicht der Sonnenstrahl dem Menschen *zuvor-*, wohl aber der menschliche Geist dem göttlichen *nach*tun kann – in freier Schöpfung. Und werden sie's nicht, setzen wir hinzu, so *sollten* sie's doch."

1. Welche neuen Möglichkeiten sprechen diese Zitate der Fotografie zu?
2. Wie steht es um das Verhältnis zwischen Fotografie und Realität in diesen Beiträgen?
3. Überlegen Sie, ob Fotografie hier als eigenständige Kunstform betrachtet wird. Wie stehen Sie heute dazu?

„Von der fixierten Natur lernen" – das sagt sich leicht für den von den neuen Möglichkeiten begeisterten Außenstehenden. Doch wie stellten sich die zeitgenössischen Maler tatsächlich zur Fotografie? Sahen sie die schnell und relativ einfach hergestellte exakte fotografische Aufnahme als Konkurrenz oder als Hilfsmittel für ihr eigenes Arbeiten? Der Berliner Künstler Adolph Menzel scheint keine Berührungsängste mit dem neuen Medium Fotografie gehabt zu haben. Sein jüngerer Bruder Richard hatte 1864 eine fotografische Reproduktionsanstalt übernommen und Menzel beriet nach Richards Tode die Schwägerin bei der Führung des Unternehmens, das auch Menzels Bilder in Fotografien herausgab und dafür bei der Pariser Weltausstellung 1878 eine Medaille erhielt.

s. S. 48 ff.

Doch im eigenen Arbeiten blieb Menzel seiner gewohnten Art und Weise der Wirklichkeitsaneignung, der mit Pinsel und Bleistift, treu – ebenso wie seinem in mühevoller Kleinarbeit hergestellten detailgetreuen Realismus. Für Studienzwecke jedoch kamen ihm die Möglichkeiten der Fotografie sehr entgegen. So besaß und nutzte er zum Beispiel eine Fotosammlung von Waffen und Reiterrüstungen aus dem Historischen Museum in Dresden.

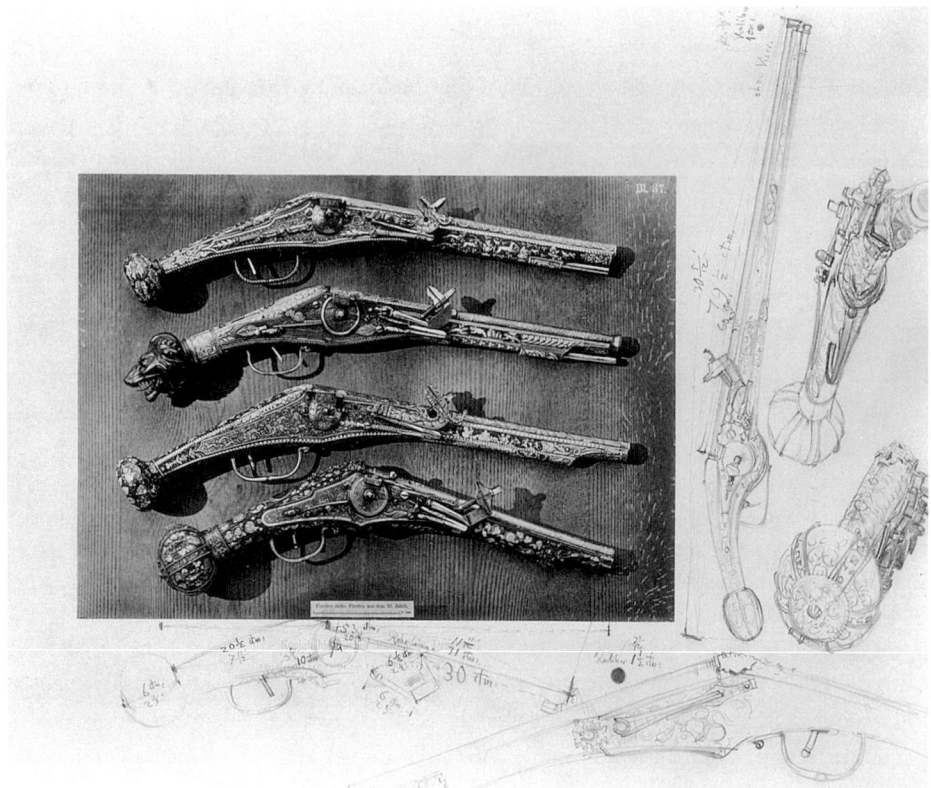

Pistolen sächsischer Fürsten aus dem 16. Jahrhundert, um 1871, Bleistift auf der Unterlage einer Fotografie

1. Wie arbeitet Menzel mit der Fotografie und inwiefern „verbessert" er in seinen Zeichnungen, die er direkt neben die fotografische Aufnahme setzt, die Vorlage?

Nicht nur die bildenden Künste, sondern auch die Literatur der nächsten Jahrzehnte wurde von der beeindruckend detailgerechten Realitätswiedergabe der Fotografie beeinflusst. So schrieb der dänische Schriftsteller Hans Christian Andersen bereits Anfang 1839:

> „Alle Gegenstände werden wie in einem Spiegelbilde aufgefangen und festgehalten. Betrachtet man sie durch ein Mikroskop, so entwickelt sich der feinste Punkt zu einem detaillierten Gegenstand. […] Unsere Epoche ist das goldene Zeitalter der Erfinder! O könnte ich doch wie ein Daguerre erfinden und das Spiegelbild des Herzens zeigen!"

Mit der technischen Verbesserung der fotografischen Verfahren wurde auch der Kunstcharakter der Fotografie ernsthafter und kontrovers diskutiert. Viele der professionellen Fotografen, so auch Daguerre selbst, waren zuvor bildende Künstler gewesen, die sich von dem erfolgreichen Medium ein besseres Geschäft erhofften. Sie wollten ihre Produkte als künstlerische Arbeiten verstanden wissen, denen auch urheberrechtlicher Schutz zukommen sollte. Bald fühlte sich die etablierte Kunst, oft mit Schriftstellern als Stimmführer, herausgefordert durch die immer populärer werdende Fotografie und begann sich abzugrenzen gegen eine Wiedergabe der Natur, die nun als kalt und seelenlos verpönt wurde.

So wandte sich der Schriftsteller Karl Gutzkow schon im Jahr 1855 gegen einen auf reine Oberflächenphänomene reduzierten Wirklichkeitsanspruch:

> „Romane, die sich mit den Gegenständen des Glaubens, der Liebe, des Hoffens beschäftigen, werden uns und allen Nationen immer berechtigt bleiben, vorausgesetzt, dass sich in ihnen die Schicksale solcher Menschen kreuzen, die wenn auch keineswegs ganz real sind, doch die Elemente der Realität in sich tragen. Denn auch diese Freiheit bleibe dem Dichter unbenommen, sich wie Prometheus Menschen zu schaffen nach seinem Bilde; d. h. Menschen, die nur aus den allgemeinen Grundstoffen der ewigen Menschennatur gewoben und keineswegs *Daguerreotypen einer alltäglichen Wirklichkeit* sind."

s. S. 15 ff.

Und auch Theodor Storm plädierte für Authentizität ohne fotografische Eins-zu-eins-Wiedergabe:

> „Von dem Dichter, der uns Menschen einer weit dahinten liegenden Zeit schildert, verlange ich einmal, dass er den Sachverständigen nicht willkürlich und in der Luft schwebend erscheine; dann aber auch andererseits, dass er, wenn er deren mächtig wäre, auch auf Kosten fotografischer Treue, uns seine Gestalten in Tat und Rede so vorführe, dass sie uns Gegenwärtigen nicht gespreizt und daher mit dem Anstrich des Puppenhaften oder Komischen erscheinen. Wie fern er unserer Weise dabei bleiben darf, hängt wohl von der Größe seiner poetischen Kraft ab; wer viel kann, darf viel wagen."

Auch Fontane benutzte den Vergleich mit der Fotografie, um auf die Grenzen der nur realistischen Darstellungsweise in der erzählenden Prosa hinzuweisen. So berichtete er seiner Frau in einem Brief von der Lektüre der „Aufzeichnungen eines Jägers" (1852) des russischen Schriftstellers Iwan Turgenjew:

> „Er beobachtet alles wundervoll: Natur, Tier und Menschen, er hat so etwas wie einen fotografischen Apparat in Aug und Seele, aber die Reflexionszutaten, besonders, wenn sie nebenher auch noch poetisch wirken sollen, sind *nicht* auf der Höhe. […] Ich bewundere die scharfe Beobachtung und das hohe Maß phrasenloser, alle Kinkerlitzchen verschmähender Kunst, aber eigentlich langweilt es mich, weil es […] so grenzenlos prosaisch, so ganz *unverklärt* die Dinge wiedergibt. Ohne diese Verklärung gibt es aber keine eigentliche Kunst, auch

dann nicht, wenn der Bildner in seinem bildnerischen Geschick ein wirklicher Künstler ist. Wer *so* beanlagt ist, muss Essays über Russland schreiben, aber nicht Novellen. Abhandlungen haben ihr Gesetz und die Dichtung auch."

1. Unterstreichen Sie die in den Texten genannten Möglichkeiten und Grenzen der fotografischen Wiedergabe.
   Welche Aspekte der Erzählkunst lässt die fotografische Wiedergabe nach Gutzkows, Storms und Fontanes Meinung außer Acht?
2. Inwiefern kann die Fotografie die bildende Kunst und die erzählende Literatur inspirieren und herausfordern?
3. Langweilig, prosaisch, unverklärt – diese abwertenden Adjektive fallen in Fontanes Stellungnahme. Welche Möglichkeiten hat eine Autorin bzw. ein Autor, realitätsbezogene Wiedergabe und dichterische Verklärung miteinander zu verbinden?
4. Fassen Sie die Texte des „Deutschen Kunstblatts" (S. 54 f.), Andersens, Gutzkows, Storms und Fontanes in Form eines Précis* zusammen – das bedeutet: auf einen Umfang von möglichst genau 180 Wörtern.

* Précis: Eine Textvorlage wird auf genau ein Drittel ihres ursprünglichen Umfangs gekürzt. Dabei können Formulierungen und/oder Textteile wörtlich übernommen werden, müssen aber nicht.

Der Aufstieg des Bürgertums

Berlin-Moabit (1885)

INDUSTRIEBÜRGERTUM

In den Fünfzigerjahren, der Zeit des resignierten Rückzugs der bürgerlichen Schichten aus der Politik, bietet der wirtschaftliche Sektor ein neues, Erfolg verheißendes Betätigungsfeld. Kernland der vom Bürgertum getragenen industriellen Entwicklung in Deutschland ist Preußen, wo gerade die Schwerindustrie sprunghaft wächst und die Entwicklung neuer Technologien sowie neuer Finanzierungsmethoden über Aktiengesellschaften und Wirtschaftsbanken bald den Einsatz modernster Produktionsverfahren erlaubt. Massenproduktion wird möglich, neue Industriezweige wie die Chemie- und Elektroindustrie entstehen.

Alte Borsigsche Werkstatt am Oranienburger Tor, 1837, ca. 30 Arbeiter

Borsigsche Fabrik am Oranienburger Tor, nach einem Aquarell von Eduard Biermann, ca. 5 500 Arbeiter, davon 2 800 in Berlin

In Berlin hatte die Metall verarbeitende Industrie einen wichtigen Standort, der mit August Borsig, der 1838 zunächst eine Eisengießerei, dann eine Maschinenbauanstalt gründete, zu einem Zentrum des Maschinenbaus wurde. Während Borsigs erste Lokomotive noch eine Bauzeit von acht Monaten benötigte, konnte sein Sohn bereits 1858 mit 30 000 Gästen in seinem Werk das „Fest der 1000. Lokomotive" feiern.

1. Vergleichen Sie die beiden Lithografien der Borsig-Werke.

SALONFÄHIGE TECHNIK

Das Gemälde „Maschinenfabrik" von Paul Meyerheim (1842–1915) entsteht zwischen den Jahren 1873 und 1876 und ist Teil des Zyklus „Geschichte der Lokomotive", der für die Villa Borsig in Moabit in Auftrag gegeben wurde. Das Gemälde hat eine Größe von 3,15 x 2,3 m und besitzt einen gusseisernen Rahmen.

Paul Meyerheim: Maschinenfabrik, 1873-1876

1. Nach Vollendung des Bildes fällt dem Maler Meyerheim der verloren geglaubte Zettel mit Notizen aus dem ersten Gespräch mit dem Auftraggeber und den ersten Eindrücken nach der Führung durch die Fertigungshallen in die Hände: ... Antriebsrad, Bessemerbirne*, Technik, Dampf, Poesie, Fortschritt, Altarbild, Arbeitstag, Realität, Kraft, Verklärung, Leistung, Schmiedekunst, Fabrikhalle, Licht ... Prüfend und selbstkritisch steht er vor seinem Werk. Wird er diesen Anforderungen gerecht? Diskutieren Sie.
2. Verfassen Sie den Brief, in dem Meyerheim Borsig von der Fertigstellung des Gemäldes berichtet und ihm noch eine umfassende Beschreibung des Werkes liefert.
3. Im Gegensatz zu ihrem Gatten ist Frau Borsig nicht sonderlich angetan von der „Maschinenfabrik" im Wohnhaus und äußert sich entsprechend dem befreundeten Ehepaar Blixen gegenüber. Es entwickelt sich ein Gespräch zwischen den Eheleuten über den Sinn und Zweck eines solchen Gemäldes im eigenen Wohnhaus ...
4. Der halbrunde Bildabschluss und die Beleuchtung erinnern an ein Altarbild. Welche aktuellen Errungenschaften ließen sich heutzutage ähnlich repräsentativ und auf dem neuesten zeitgenössischen Stand abbilden?

*Vorrichtung zur Erzeugung von Stahl aus (phosphorfreiem) Roheisen, ermöglichte eine Steigerung der Stahlproduktion

VOM HANDWERKER ZUM UNTERNEHMER

Mit der Industrialisierung verändert sich auch die soziale Landschaft: Es entsteht ein wohlhabendes und selbstständiges, wirtschaftlich mächtiges Bürgertum, das seine billigen Arbeitskräfte aus den niedergehenden Zweigen des Handwerks und der Landwirtschaft rekrutiert. Der Prozess der Reichseinigung und die Milliarden der französischen Kriegsentschädigungen begünstigen zusätzlich den wirtschaftlichen Boom in den Gründerjahren nach 1870/71, den auch die große Krise von 1873, der Gründerkrach, letztlich nicht aufhalten kann. Einen durchaus zeittypischen Lebenslauf schildert der Hamburger Kunstschriftsteller Karl Scheffler in seinen Jugenderinnerungen „Der junge Tobias" (1927). Der folgende Auszug ist der Aufstiegsgeschichte seines Onkels Jochen um 1880 gewidmet.

Er war als Knabe, nachdem er die Volksschule verlassen hatte, zu einem Malermeister in die Lehre gekommen. Von Jugend auf war er ein tüchtiger, gewissenhafter Mensch gewesen. [...] Darüber hinaus aber war er von einem starken Drang zum Erfolg beseelt, von einem Ehrgeiz, bürgerliches Ansehen zu erwerben. Von den Zeitverhältnissen begünstigt und sie klug nutzend, war er Schritt für Schritt seinem Ziel nähergekommen. Für sich selbst bedürfnislos, hatte er es verstanden zu sparen. Dann hatte er sich jung schon mit einem Mädchen verheiratet, die als Wirtschafterin in einem der städtischen Herrschaftshäuser des Dorfes gedient hatte und in dieser Stellung ebenfalls Ersparnisse zu machen im Stande gewesen war. [...] Beiden war von Natur aus eine gewisse vornehme Haltung eigen und sie steigerten die Anlage, indem sie in ihrem Benehmen den reichen Leuten, mit denen sie in Berührung kamen, nacheiferten. Einem solchen Paar konnte es bei Fleiß und Klugheit in jener Zeit an Erfolg nicht fehlen. Als dieser Onkel Jochen [...] einen eigenen Hausstand gründete, begann er ein kleines Malergeschäft. Er wählte dafür mit Klugheit einen Platz an der Landstraße zwischen Dorf und Stadt, aber näher der Stadt zu, inmitten jener Wohnhäuser wohlhabender Kaufherren vor dem Tor, die damals in schneller Folge entstanden. Mit seinem Geschäft setzte er sich als Erster mitten hinein in eine vornehme und zahlungsfähige Kundschaft, mitten hinein auch in ein Gebiet, wo eine rege Bautätigkeit herrschte. Die Erfolge zeigten sich schnell. Mit zwei Gehilfen hatte er begonnen und selbst fleißig mitgearbeitet; die Zahl der Gehilfen stieg aber bald. Nach wenigen Jahren waren es schon zwanzig, dreißig und der junge Meister musste darauf verzichten, selbst in der Werkstatt, im Neubau, in den Privathäusern als Maler tätig zu sein. Er kleidete sich nun wie ein Herr, besuchte die Kunden, führte die Bücher, verteilte des Morgens in der Werkstatt die Arbeit unter die Gehilfen und besuchte tagsüber Aufsicht führend die Arbeitsstätten. Nach einer Reihe von Jahren, in denen sein Wohlstand schnell stieg, war er im Stande, das Grundstück, auf dem er zur Miete wohnte, zu kaufen und ein neues, großes Haus zu bauen. Die Zahl der Gehilfen nahm beständig zu, das Geschäft vergrößerte sich so, dass in der Zeit, die für den Maler die meisten Aufträge bringt, in den Monaten zwischen Ostern und Johanni, anderthalbhundert Gehilfen und mehr beschäftigt wurden.

s. S. 65 ff.

Gustave Caillebotte:
Die Parketthobler, 1875

Onkel Jochen ist der festen Überzeugung, dass ihn keinesfalls Glück, sondern ausschließlich seine Tüchtigkeit zum Erfolg geführt hat.

Er wies mit Recht, aber auch mit einiger Selbstgerechtigkeit auf den Umstand hin, dass die Arbeit seine einzige Leidenschaft sei. In der Tat war er für etwas anderes kaum zu haben. Bei Familienfesten erschien er erst spät, von den Verwandten dann etwas theatralisch bedauert wegen seiner Arbeitslast, was er geschmeichelt anhörte; sonntags saß er bis tief in den Nach
5 mittag hinein im Kontor, Reisen oder Vergnügungen kannte er nicht. Er hatte jene Leidenschaft zur Arbeit, die damals aufkam und die aus der geschäftlichen Tüchtigkeit etwas Moralisches, fast etwas Religiöses machte. „Ich brauche keine Kirche", sagte Onkel Jochen, „das Geschäft ist meine Kirche." Seine Tätigkeit nahm, ohne dass die handwerkliche Arbeit darunter litt, Züge eines Großunternehmens an; es musste kaufmännisch geführt werden. Und
10 darauf verstand der Meister sich gut, obwohl er die Schreibgeschäfte ohne viel Hilfe und mit seinen bescheidenen Elementarkenntnissen bewältigte. […]
Die Kunden waren in der Mehrzahl reiche Kaufherren, die patrizierhaft fühlten und den Abstand zum Handwerker gewahrt wissen wollten. In seinem Ehrgeiz, selbst vornehm zu sein, vergaß der Onkel niemals diesen Abstand. Es kam ihm dabei eine natürliche Verehrung der
15 Autorität zustatten und eine willige Unterordnung der Macht und dem Besitz gegenüber. In seinem Herzen gab es keinen Empörergedanken.
[…] Der Meister wurde respektiert von seinen Gehilfen und war seinen Kunden bequem und er mehrte von Jahr zu Jahr seine Erfolge. Er stand sichtbar da als ein Typus des Selfmademan und lebte mit seiner Familie auf einem Niveau höherer Lebenshaltung. Bei ihm
20 herrschte eine andere Atmosphäre als in den Häusern der kleinbürgerlichen Verwandten. Er war Eigentümer eines geräumigen Hauses, seine Wohnung war mit behaglichem Aufwand möbliert, die Werkstätten und Arbeitsschuppen nahmen reichlich Platz ein und im Haushalt war für viele Menschen zu sorgen. Sechs Kinder tummelten sich im Hause, mehrere Dienstboten und ein Kutscher wohnten und aßen in den unteren Räumen und ein halbes Dutzend
25 Lehrlinge lebte nach alter Weise im Hause des Meisters. Die Frau hatte eine halb damenhafte Haltung angenommen und hielt Abstand von den Dienstboten, die Kinder sahen einen freien Weg vor sich und stellten unwillkürlich höhere Ansprüche, und der Hausherr verbreitete, wo er sich zeigte, durch seine trockene, wortkarge Strenge eine gewisse Scheu. In der Verwandtschaft wurden mit wichtiger Miene die Summen genannt, die der Haushalt
30 monatlich kostete, und über die mutmaßlichen Jahreseinnahmen wurde so gesprochen, als hätte die Familie Anteil an dem Ruhm. Allgemein galt Onkel Jochen als Autorität.

1. Welche Rolle spielt der sozialgeschichtliche Hintergrund dieser Schilderung?
2. Welche Charaktereigenschaften und Verhaltensweisen helfen Onkel Jochen in den Augen des Erzählers auf dem Weg nach oben? Welche bürgerlichen Tugenden verkörpert er?
3. Wodurch zeichnet sich Onkel Jochens Verhalten gegenüber seinen Auftraggebern und gegenüber seinen eigenen Angestellten im Geschäft und zu Hause aus?
4. Die weniger erfolgreiche Verwandtschaft versucht, sich an Onkel Jochens Werdegang ein Beispiel zu nehmen. Welche Ratschläge geben Jochens Bruder und Schwägerin wohl dem Sohn, welche der Tochter?

Das väterliche Verhältnis, das Onkel Jochens Umgang mit seinen Gehilfen charakterisiert, ändert sich mit dem wachsenden Einfluss sozialdemokratischer Ideen unter seinen Angestellten. Die rapide voranschreitende Industrialisierung und die Verstädterung bieten einigen kleineren Handwerkern das Sprungbrett zum Erfolg. Viele Handwerksgesellen, Tagelöhner und kleine Meister, die der Konkurrenz erliegen, müssen sich jedoch in den entstehenden Fabriken für Minimallöhne verdingen und leben oft mit ihren Familien unter menschenunwürdigen Bedingungen am Rande des Existenzminimums. Während karitative Initiativen der Kirchen und Wohltätigkeitsvereine versuchen, die sozialen Folgen der Industrialisierung und der streng kapitalistischen Wirtschaftsordnung zu mildern, geht es Karl Marx und Friedrich Engels in ihrem Londoner „Manifest der Kommunistischen Partei" um eine Zerstörung des ausbeuterischen Machtapparats durch die unterdrückten Arbeiter. Es folgen die Gründung des „Allgemeinen Deutschen Arbeitervereins" 1863 durch Ferdinand Lassalle und eine von August Bebel und Wilhelm Liebknecht geführte, an Marx orientierte „Sozialdemokratische Arbeiterpartei" 1869. Dass der Einfluss der Ideen und Forderungen der Arbeiterbewegung vor Onkel Jochens Betrieb nicht Halt macht, zeigt der folgende Abschnitt.

- „Das Manifest"
- Die politischen Ziele des „Allgemeinen Deutschen Arbeitervereins"
- Die politischen Ziele der „Sozialdemokratischen Arbeiterpartei"
- Bismarcks Sozialistengesetze (Inhalt, Ziel)

Schwieriger war der Umgang mit den Gehilfen. Mit den ältesten von ihnen hatte der Meister noch kollegial gearbeitet; mit denen, die zuerst in sein Geschäft gekommen waren, verband ihn eine Art von Vertrautheit. Es galt, sich in der Folge von ihnen mehr zu lösen und mehr den Herren zu betonen, ohne die misstrauische Empfindlichkeit der Abhängigen zu verwunden. Das gelang manches Jahr hindurch. Dann aber kam langsam der Sozialismus auf, drang auch in die Werkstatt und brachte Unfrieden zwischen Meister und Gehilfen. Bisher waren die Lohnfragen liberal behandelt worden. Dann aber kam die Zeit der Lohnforderungen, der Organisation und der Streikdrohung. Und das betrachtete der Meister, der sein Verhältnis zu den Gehilfen ganz patriarchalisch auffasste, wie eine persönliche Kränkung, wie einen Verrat seiner alten Leute. Er sah nicht die Zeit im Ganzen, wie sie Unternehmer und Arbeiter in zwei Parteien teilte und wie sie die alten Gehilfen zwang, sich zu ihren Kollegen zu halten, sondern er sah die Dinge nur von sich aus. Er war der Sohn einer Zeit, wo die Autorität noch unerschüttert und scheinbar unerschütterlich dastand; er war wohlhabend und glücklich geworden, während das Deutsche Reich einig und mächtig wurde. Onkel Jochen glaubte fest, dass seine Erfolge nur die gerechte Belohnung für Fleiß und Tüchtigkeit seien und dass der allgemeine wirtschaftliche Aufschwung der Zeit auch nichts anderes sei als der Lohn für die allgemeine Tüchtigkeit unternehmender, bürgerlich zuverlässiger Menschen. Unbedingt verehrte er Bismarck, er sah in den Erfolgen dieses Staatsmannes ein ins Geniale und Große gesteigertes Widerspiel seiner eigenen geschäftlichen Erfolge. Und so erschien ihm aller Sozialismus, jede revolutionäre Bewegung wie ein Verbrechen. Jeder Sozialdemokrat war für ihn gleichbedeutend mit einem gesetzlosen Menschen, er stellte ihn unbedenklich neben jene Attentäter, die in den Siebzigerjahren auf den alten Kaiser geschossen hatten. Da die Gehilfen aber mehr und mehr zu Sozialdemokraten wurden und da sich die Folgen bei den allgemeinen Lohnkämpfen zeigten, obwohl die Werkstatt Onkel Jochens von einem Streik lange noch verschont blieb, weil er die geforderten Löhne ohnehin zahlte, so machten die alten guten Beziehungen zwischen Meister und Gehilfen einer gewissen Spannung und Gereiztheit Platz.

1. Wie sieht Onkel Jochen seine Funktion als Meister?
2. Onkel Jochen schreibt einen anonymen Leserbrief an eine etablierte Zeitung, in dem er sich über die seiner Meinung nach veränderte Grundeinstellung der bei ihm Beschäftigten beschwert. Verfassen Sie den Brief des Meisters, die Antwort eines Redakteurs oder die briefliche Stellungnahme eines Arbeiters, der sich von dem Disput angesprochen fühlt.

ES KLAPPERT DIE MÜHLE AM RAUSCHENDEN BACH …

Die Konsequenzen der verstärkt vorangetriebenen Gründungen von Betrieben und Fabriken für Mensch und Natur finden oft nur indirekt Eingang in die Literatur des Realismus. Wilhelm Raabes Erzählung „Pfisters Mühle" von 1884 nimmt eine wahre Begebenheit zum Anlass, enthält sich jedoch auch einer eindeutig kritischen Stellungnahme. Ungefähr eine Stunde von Berlin entfernt liegt Pfisters Mühle, lange Zeit beliebtes Ausflugsziel für Städter, bevor die neu entstandene Zuckerfabrik Krickerode den Mühlbach verunreinigte und die Gäste vertrieb. Zusammen mit seinem ehemaligen Mentor, dem Chemiker Adam Asche, besucht der Ich-Erzähler Eberhardt Pfister, der inzwischen selbst in Berlin lebt, die väterliche Mühle über die Weihnachtsfeiertage.

Zunächst bitten Vater und Sohn den „chemisch und mikroskopisch gelehrten Freund" um eine systematische Untersuchung des stinkenden, milchig-trüben Mühlbachwassers.

s. S. 10 ff.

„Mit der Nase brauche ich keinen draufzustoßen", ächzte mein Vater; „aber die Augen und das Gefühl sollen ja auch das ihrige haben! Ja, sehen Sie sich nur um, Doktor, und dann seien Sie hier mal der Müller, der seit Jahrhunderten das klar wie 'nen Kristall und reinlich wie 'ne Brautwäsche gekannt hat! Da, guck, Junge, und streif mir meinetwegen den Ärmel auf und
5 greif in das Einflussgerinne und fühle, was für einen Schleim und Schmier deiner Vorfahren hell und ehrlich Mühlwasser mir heute in meinem Gewerk und Leben absetzt. Ja, holen Sie sich dreist eine Handvoll vom Rade; es ist mehr davon vorhanden und wird gern vermisst. Und, junges Volk, ihr lacht darüber, oder wenn ihr das jetzt nicht wagt, so haltet ihr mich für einen alten Narren; aber mir ist das doch wie ein Lebendiges, zu dem ich den
10 Doktor habe rufen müssen, um ihm den Puls zu fühlen. Und der Puls von Pfisters Mühle geht langsam, Ebert Pfister! Und wer weiß, wie bald er ganz stille steht!"
Bei Gott, mir war nicht lächerlich zu Mute diesem alten, vor Ingrimm und Betrübnis zitternden braven Manne und noch dazu meinem Vater gegenüber und auf meiner Väter in Ehren, Leiden und Freuden von Geschlecht zu Geschlecht vererbtem Grund und Boden! […]
15 „Asche, du weißt offensichtlich, an was und an wen wir uns zu halten haben?", rief ich. „Ich bitte dich, Adam, treibe keinen Spaß zur unrechten Zeit", flüsterte ich ihm zu.
„Liegt durchaus nicht in meiner Absicht. Weniger weil, sondern obgleich ich der Sohn eines Schönfärbers bin", meinte der Doktor mit der vollen Ruhe und Gelassenheit des Mannes der Wissenschaft, des an ein Krankenbett gerufenen sichern Operators. „Das Ding kommt mir
20 viel zu gelegen, um es scherzhaft aufzufassen. Vater Pfister, vielleicht hätten Sie mich nicht gerufen und zum Christbaum eingeladen, wenn Sie eine Ahnung davon hätten, wie sehr ich Partei bin diesen trüben Wellen und kuriosen Düften gegenüber. Aber ich habe Pfisters Mühle viel zu lieb, um nicht völlig objektiv meine Meinung über ihr Wohl und Wehe begründen zu können. Augenblicklich erkenne ich in der Tat eine beträchtliche Ablagerung niederer
25 pflanzlicher Gebilde, worüber das Weitere im Verlaufe der Festtage das Vergrößerungsglas ergeben wird. Pilzmassen, mit Algen überzogen und durchwachsen, lehrt die wissenschaftliche Erfahrung. Aber was für Pilze und welche Algen bei gegebener Verunreinigung der Adern unserer gemeinsamen Mutter?"

Schließlich liegen die Resultate der Analyse vor.

„Wie ich es mir gedacht habe, was das interessante Geschlecht der Algen anbetrifft, meistens kieselschalige Diatomeen. Gattungen Melosira, Encyonema, Navicula und Pleurosigma. Hier auch eine Zygnemacee. Nicht wahr, Meister, die Namen allein genügen schon, um ein Mühlrad anzuhalten?"
5 „Das weiß der liebe Gott", ächzte mein Vater. […]
Asche richtete sich auf von seinem Instrument und seinen Vergrößerungsobjekten. Er fuhr sich mit beiden Händen durch die Haare. Er blickte von dem Vater auf den Sohn, legte lächelnd dem Vater Pfister die Hand auf die Schulter und sprach, was ihn selber anbetraf, vollkommen befriedigt und seiner Sache gewiss: „Beggiatoa alba!" „Was?", fragte mein Vater.

„Wer?", fragte er.

„Krickerode!", sagte Doktor Adam Asche, und der alte Herr fasste seine Stuhllehne, dass der Sitz unter ihm fast aus den Fugen ging:

„Und daran kann ich mich halten mit meiner Väter Erbe und unseres Herrgotts verunreinigter freier Natur? Und darauf darf ich mich stellen mit meinem Elend? Ich zahle Ihnen alle Ihre Schulden für das Wort, Adam! ... Wie nannten Sie es doch?"

„Beggiatoa alba. Von einem von uns ganz speziell für Sie erst neulich zu Ihrer Beruhigung in den Ausflüssen der Zuckerfabriken entdeckt, alter Freund. Was wollen Sie? Pilze wollen auch leben und das Lebende hat Recht oder nimmt es sich. Dieses Geschöpfe ist nun mal mit seiner Existenz auf organische Substanzen in möglichst faulenden Flüssigkeiten angewiesen und was hat es sich um Pfisters Mühle und Kruggerechtsame zu kümmern? Ihm ist recht wohl in Ihrem Mühlgerinne und Rädern, Meister, auch das gebe ich Ihnen schriftlich, wenn Sie es wünschen: und Kollege Kühn, der zuerst auf das nichtsnutzige Gebilde aufmerksam wurde und machte, setzt Ihnen gern seinen Namen mit unter das Attest."

„Und die Krickeroder Fabrik halten Sie also wirklich und wahrhaftig einzig für das infame Lamm, so mir mein Wasser trübt? I, da soll doch –"

„Ja, was da soll, das ist freilich die Frage, welche wir Gelehrten unseres Faches nicht berufen sein können zu lösen. Übrigens habe ich bis jetzt nur das Behängsel Ihres Rades untersucht und einige Tropfen den Garten entlang aus dem Röhricht dazu entnommen. Selbstverständlich werden wir den Unrat den Bach aufwärts bis zu seiner Quelle verfolgen. Aber, Vater Pfister, was ich Ihrem Jungen da gesagt habe, wiederhole ich Ihnen jetzt: Es interessiert mich ungemein, dieser Sache einmal so gründlich als möglich auf den Leib zu rücken; aber – ich bin grenzenlos Partei in dieser Angelegenheit, und der Dienst, den ich Ihnen im Besondern und der Welt im Allgemeinen vielleicht tue, kann mir nur das höchst Beiläufige sein. Ihren Ärger, Ihre Schmerzen und sonstigen lieben Gefühle in allen Ehren, Vater Pfister!"

„Jeder Mensch ist Partei in der Welt", seufzte mein alter, lieber Vater, „nur ist es schlimm, wenn der Mensch das auf seine alten Tage ein bisschen zu sehr einsieht und sich zu alt fühlt, um noch mal von neuem mit mehr Aufmerksamkeit in die Schule zu gehen. Was Sie aus meinem ruinierten Mühlwasser noch zu lernen haben, weiß ich nicht. Adam Asche – für den vorliegenden Fall möchte ich, ich hätte meinen Jungen da weniger auf das Griechische und Lateinische dressieren lassen und mehr auf Ihr Vergrößerungsglas."

Bei ihrer Wanderung den Mühlenbach hinauf finden Doktor Asche und Eberhardt Pfister das Wasser immer verschmutzter.

Doktor Adam Asche sprach zum ersten Male an jenem Morgen freundlich ein Wort. Auf die Mündung eines winzigen Nebenbaches und über eine von einer entsetzlichen, widerwärtig gefärbten, klebrig stagnierenden Flüssigkeit überschwemmte Wiesenfläche mit der Hand deutend, sagte er mit unbeschreiblichem, gewissermaßen herzlichem Genügen: „Ici!"

Jenseits der Wiese erhob sich hoch aufgetürmt, zinnengekrönt, gigantisch beschornsteint – Krickerode! Da erhob sie sich, Krickerode, die große, industrielle Errungenschaft der Neuzeit, im wehenden Nebel, grau in grau, schwarze Rauchwolken, weiße Dämpfe auskeuchend, in voller „Kampagne" auch an einem zweiten Weihnachtstage, Krickerode!

1. Wie werden die alte und die neue Zeit in diesen Textausschnitten miteinander kontrastiert? Achten Sie auf die Konstellation Müller und Chemiker sowie Vater und Sohn.
2. Welche Wirkung hat die Verwendung wissenschaftlicher Fachausdrücke?
3. In welchem Lichte werden die Errungenschaften der Technik und Wissenschaft hier präsentiert?
4. Übernehmen Sie es an Asches Statt, anhand der Textaussagen ein Gutachten über den Grund, das Ausmaß und die Folgen der Verschmutzung des Mühlbaches aufzusetzen.
5. Schreiben Sie einen Artikel, in dem eine Journalistin oder ein Journalist vor mehr als 100 Jahren über den Fall berichtet.
6. Wo erwarten Sie Ähnlichkeiten, wo Unterschiede bei heutigen, thematisch verwandten Berichterstattungen?

„Weiber weiblich, Männer männlich"

FRAUENBILDER IM REALISMUS

1. Welche Möglichkeiten stehen der jungen Frau offen? Welche werden ausgespart?

DIE FALLEN GELASSENE FRAU

In der preußisch-deutschen Gesellschaft des 19. Jahrhunderts haben die Männer das Sagen. Eine Tochter unterliegt bis zur Eheschließung der väterlichen Autorität, dann wird der Ehemann nach Rechtsvorschrift der Vormund der Frau. Ohne seine Zustimmung darf sie weder Rechtsgeschäfte tätigen noch einen Beruf ausüben. Er darf ihre Briefe öffnen und sie züchtigen, ohne dafür unbedingt bestraft zu werden. Moralisch hat sich eine Frau stets makellos zu halten und im Falle einer Scheidung ist sie ohne Anspruch auf die Kinder oder Teile des Vermögens.

s. S. 26 ff.

So wird auch die Ehe der 17-jährigen Effi Briest mit dem deutlich älteren Baron von Innstetten von den Eltern arrangiert. Nach der Scheidung ist Innstetten, der den Liebhaber seiner Frau im Duell tötet, nach einer maximal sechswöchigen Pause wieder in Amt und Würden, während der Seitensprung und die Scheidung für Effi den Verlust der Tochter, die Ächtung seitens der geliebten Eltern und das absolute gesellschaftliche Aus bedeuten.

Es fällt der Mutter zu, die in Bad Ems kurende Effi von den Geschehnissen zu Hause und den daraus resultierenden Konsequenzen in Kenntnis zu setzen.

„… Und nun deine Zukunft, meine liebe Effi. Du wirst dich auf dich selbst stellen müssen und darfst dabei, soweit äußere Mittel mitsprechen, unserer Unterstützung sicher sein. Du wirst am besten in Berlin leben (in einer großen Stadt vertut sich dergleichen am besten) und wirst da zu den vielen gehören, die sich um freie Luft und lichte Sonne gebracht haben. Du wirst einsam leben und wenn du das nicht willst, wahrscheinlich aus deiner Sphäre herabsteigen müssen. Die Welt, in der du gelebt hast, wird dir verschlossen sein. Und was das Traurigste für uns und für dich ist (auch für dich, wie wir dich zu kennen vermeinen) – auch das elterliche Haus wird dir verschlossen sein; wir können dir keinen stillen Platz in Hohen-Cremmen anbieten, keine Zuflucht in unserem Hause, denn es hieße das, dies Haus von aller Welt abschließen, und das zu tun, sind wir entschieden nicht geneigt. Nicht, weil wir zu sehr an der Welt hingen und ein Abschiednehmen von dem, was sich ‚Gesellschaft' nennt, uns als etwas unbedingt Unerträgliches erschiene; nein, nicht deshalb, sondern einfach, weil wir Farbe bekennen und vor aller Welt, ich kann dir das Wort nicht ersparen, unsere Verurteilung deines Tuns, des Tuns unseres einzigen und von uns so sehr geliebten Kindes, aussprechen wollen …"

Fritz Paulsen: Bei der Stellenvermittlung (Gesinde-Vermietungsbureau), 1881

Einzig Roswitha, einst von der mitleidigen Effi aufgenommenes Hausmädchen – auch ein zeittypischer Beruf für unverheiratete Frauen –, findet den Weg zu ihr und bietet sich ihr als Dienstmagd und gewissermaßen als Gesellschafterin an. Wenn auch die sozialen Schranken zwischen Herrin und Angestellter nie wirklich fallen, ist Roswitha neben dem Hausarzt Effis einziger Umgang. Mit ihr erörtert Effi Möglichkeiten, sich von der ihr auferlegten Passivität zu befreien.

„[…] Sieh, ich müsste so viel zu tun haben, dass ich nicht ein noch aus wüsste. Das wäre was für mich. Da gibt es so Vereine, wo junge Mädchen die Wirtschaft lernen oder Nähschulen oder Kindergärtnerinnen. Hast du nie davon gehört?"
„Ja, ich habe mal davon gehört. Anniechen sollte mal in einen Kindergarten."
5 „Nun siehst du, du weißt es besser als ich. Und in solchen Verein, wo man sich nützlich machen kann, da möchte ich eintreten. Aber daran ist gar nicht zu denken; die Damen nehmen mich nicht an und können es auch nicht. Und das ist das Schrecklichste, dass einem die Welt so zu ist und dass es sich einem sogar verbietet, bei Gutem mit dabei zu sein. Ich kann nicht mal armen Kindern eine Nachhilfestunde geben …"
10 „Das wäre auch nichts für Sie, gnädige Frau; die Kinder haben immer so fettige Stiefel an, und wenn es nasses Wetter ist – das ist dann solch Dunst und Schmook, das halten die gnädige Frau gar nicht aus."
Effi lächelte. „Du wirst wohl Recht haben, Roswitha […]"

Schließlich entscheidet sich Effi, Malstunden zu nehmen.

„[…] und wiewohl sie selber darüber lachte, weil sie sich bewusst war, über eine unterste Stufe des Dilettantismus nie hinauskommen zu können, so griff sie doch mit Passion danach, weil sie nun eine Beschäftigung hatte, noch dazu eine, die, weil still und geräuschlos, ganz nach ihrem Herzen war."

1. Warum beginnt Effi zu malen?
2. Entwerfen Sie ein Bewerbungsgespräch, in dem Effi sich um ein Betätigungsfeld im karitativen Bereich bemüht und abgelehnt wird. Welche Gründe lassen sich anführen?

DIE GATTIN, MUTTER UND HAUSFRAU

Aber auch den vielen nicht durch amouröse Eskapaden in die soziale Isolation beförderten Frauen des Bürgertums bleiben kaum außerhäusliche Betätigungsfelder. Die Ehe und damit die Rolle als Gattin, Hausfrau und Mutter ist die einzige denkbare Existenzform für Frauen und wird als solche – natürlich auch von Frauen – propagiert.

Der höchste und lohnendste Beruf der Frau, in welchem sie zugleich die ihrem Naturell entsprechendste und eingreifendste Tätigkeit entwickeln kann, ist der als Gattin und Mutter; und wenn es wahr ist, dass das Wohl der Staaten auf dem Wohl der Familie beruht und wiederum der Schwerpunkt der Familie in dem Weibe als Gattin und Mutter zu suchen ist, so müsste das ganze Streben der Erziehung darauf hinausgehen: die Jungfrau für diese […] beglückende Zukunft vorzubereiten.

Das Bild der Frau als Gattin und Mutter wird durch zahlreiche Anstandsbücher und Lebenshilfen in Buchform untermauert, die die klar definierten Verhaltensnormen für sämtliche Bereiche des häuslichen wie gesellschaftlichen Lebens ausführlich darlegen.

[…]

3. Gesellschaftliche Formen und Gebräuche.

a. Allgemeines. – Grüßen und Begrüßen. – Begrüßen in Gesellschaft. – Gespräche beginnen und abbrechen. – Vorstellen und sich vorstellen lassen. – Hand bieten. – Handkuss. – Ansprechen auf der Straße. – Begleiten auf der Straße. – Rechts gehen. – Ausweichen. – Benehmen auf der Straße. – Anbieten von Dienstleistungen. – Artigkeiten und Aufmerksamkeiten. – Danken.

b. Bei besonderen Gelegenheiten. Verlobung, offizielle, nicht offizielle. – Mitteilung der Verlobung. – Verlobungskarten. – Erwiderung derselben. – Glückwunsch. – Blumengabe. – Erwiderung derselben. – Benehmen der Verlobten. – Hochzeitsgeschenke. – Dank für diese. – Abschiedsbesuch der Braut. Einladung zur Trauung. – Vermählungsanzeige und Erwiderung. – Gebräuche bei Geburtsanzeige, Taufe. – Aberglaube. – Todesfall. – Einsegnung. – Beerdigung. – Trauergottesdienst. – Beileidsbesuch. – Dank für denselben.

[…]

7. Die Einladung. – Die Form und Zeit der Einladung und Ablehnung. – Wen kann und darf man laden? – Wen soll man laden? – Der Empfang im eigenen Hause. – Vorstellen. – Pflichten der Wirte und Gäste. – Anzug. – Bewirtung. – Zureden. – Bedienen bei Tische. – Benehmen bei Tische. – Einhalten der Einladungsstunde. – Aufheben der Tafel. – Aufbrechen in Gesellschaft. – Zeit des Aufbrechens. – Ruhe der Hausfrau. – Tischdecken, Räumen, Schmücken, Führen, Karten. – Kaffee nach Tisch. – Kaffee, Tee-Einladung. – Frühstück. – Ball. – Rout. – Abendessen. – „Mit uns zu Abend essen." – Der tägliche Tisch. – Mittagessen. – Herrenessen. – Getränke bei Tisch. – Speisezettel.

[…]

9. Der Anzug. – Allgemeines. – Die Mode. – Das Auffallende. – Das Extravagante. – Das Einfache. – Die Forderungen der Eleganz. – Das Morgen-, das Straßenkleid. – Der Schmuck. – Promenade-, Besuch-, Reise-, Trauer-, Gesellschaftsanzug. – Kopfschmuck. – Das schwarzseidene Kleid. – Konzert-, Theater-, Ballanzug. – Die Schleppe. – Dineranzug. – Trauung und Hochzeitsanzug. – Vorstellungsanzug. – Sportanzüge. – Der Handschuh (das An- und Abziehen desselben). – Die Fußbekleidung. – Der Fächer. – Das Parfüm.

10. Erlaubte und unerlaubte Toilettenkünste. – Einige ästhetische Bemerkungen. – Berechtigung und Zweck des Schmückens. – Spezifische und spezielle Schönheit. – Das „Gut-Stehen". – Geschmack. – Anmut. – Verbergen und Hervorheben. – Haartracht. – Das Charakteristische. – Die harmonische Wirkung. – Das Anpassen und der Stil der Kleidung. – Der Hut. – Die Komplementärfarbe. – Vermittlungston. – Positive und negative Kontraste. – Abschwächung der Farbe. – Lichteffekte. – Farbenzudringlichkeit. – Die Art der Beleuchtung. – Reflextöne. – Optische Täuschungen. – Die „richtigen, althergebrachten" Toilettenmittel. – Das einzige, wirklich rationale Schönheitsmittel. – Körperliche Arbeit. – Tägliche Waschungen. – Schonen. – Puder. – Unerlaubte Toilettenkünste. […]

16. Unser Umgang. – Vorsicht in der Wahl desselben. – Das Anknüpfen von Bekanntschaften. – Wünschenswerte Bekanntschaften. – Das Abbrechen von Bekanntschaften. – Reise- und Badebekanntschaften. – Freundschaften.

[…]

1. Welche anderen Kapitel und Unterpunkte könnten wohl noch im Inhaltsverzeichnis aufgelistet werden?
2. Wählen Sie zwei oder drei Unterpunkte und schreiben Sie einen entsprechenden Text.
3. Versuchen Sie, sich in Ihrer Gruppe über einige Aufgaben und Bereiche zu verständigen, in denen eine Frau in unserer Zeit zu „funktionieren" hat.

Entwurf eines Damenzimmers der Gründerzeit, 1879

„Weder Holzgetäfel der Wände noch Balken oder Kassetten würden am Platze hier sein. Weich gepolsterte Sitze ohne alles sichtbare Holzwerk, ohne die Ecken und Spitzchen, welche so leicht der Toilette der Damen Gefahr des Zerreißens androhen, runde ‚Puffys', die auf Rollen schon durch des Füßchens leicht nur gegebenen Stoß den Platz zu wechseln vermögen, und ähnlich gebaute Fauteuils mit rundlichen Lehnen umstehen für gewöhnlich den vom Spiegel bekrönten und reich mit Gefäßen besetzten Kamin, reihen sich aber zu gegebener Stunde rings um den Tisch, auf dem in blinkender Kanne der duftende Trank von Arabiens südlichen Küsten zum Genusse sich bietet unter breit ragendem Fächer der Palmen. Und wie an dem Sitzgerät überall Polster und weicher Stoff das Holzwerk verdeckt, Bequemlichkeit der Benutzung und weiche Formen dem Auge darbietend, so sollen auch Tische und Boden und Fenster mit weichem Stoffe belegt und behängt sein. Dabei braucht dennoch das Ganze nicht stillos etwa und haltlos dem kritischen Blick zu erscheinen, wie auch das muntere Gespräch an dem Tisch ja nicht immer nur um unwichtige Dinge sich dreht, sondern gar Wichtiges und Ernstes in der Damen vertraulichem Kreis zur Besprechung gelangt. Wie manches schöne Werk der Milde und Wohltätigkeit ging schon von hier aus, wie sinnig und tief, ja tiefer als in Männerkreisen oft, wird hier über die Werke der Kunst und Literatur gesprochen, ist ja doch für alles, was dem Gemüt angehört und dem feinen Gefühle für Schönheit der Frauen Herz empfänglicher und darum der Frauen Urteil kompetenter als das der Männer! So darf dann auch hier ein Lesetisch und Bücherbret[!] nicht fehlen für der Dichtkunst klassische Werke. Da aber selbst beim Geplauder und bei leckerm Genuss des echten Weibes Hand nicht ruht, sondern wenn nicht rein Nützliches, doch eine erfreuliche Gabe für den Auserkorenen oder für eine Freundin oder auch eine wärmende Hülle für einen schutzbefohlenen Armen und Kranken zu schaffen stets beschäftigt ist, so fehle auch in diesem Zimmer nicht das Gerät für solche Tätigkeit, der Nähtisch, welcher mit zugehörigem Sessel natürlich, als der Hausfrau Thron, um eine Stufe erhöhet am Fenster seinen festen, unverrückbaren Platz hat. Ein paar Porträts, ein stimmungsvolles Bild in reich geschnitztem Rahmen und ein Leuchter vollenden die Ausrüstung des Gemachs."

1. Welche Prinzipien und Kriterien leiten die Ausgestaltung des Damenzimmers?
2. Was erfahren Sie aus der Sicht des Autors über das Wesen und die Bedürfnisse von Frauen?
3. Entwerfen Sie das Herrenzimmer als Gegenstück und verfassen Sie einen passenden Katalogtext.

Die Frage nach dem „Wesen" der Frau, die im Gegensatz zum Vernunftswesen Mann als gefühlsbetontes, irrationales Geschöpf gilt, beschäftigt viele Vordenker der männerdominierten bürgerlichen Gesellschaft. Ihre Schriften dienen der ideologischen Untermauerung der eindeutigen Rollenzuweisung.

§ 363
Schon der Anblick der weiblichen Gestalt lehrt, dass das Weib weder zu großen geistigen noch körperlichen Arbeiten bestimmt ist. Es trägt die Schuld des Lebens nicht durch Tun, sondern durch Leiden ab, durch die Wehen der Geburt, die Sorgfalt für das Kind, die Unterwürfigkeit unter den Mann, dem es eine geduldige und aufheiternde Gefährtin sein soll. Die heftigsten Leiden, Freuden und Kraftäußerungen sind ihm nicht beschieden, sondern sein Leben soll stiller, unbedeutsamer und gelinder dahinfließen als das des Mannes, ohne wesentlich glücklicher oder unglücklicher zu sein.

§ 364
Zu Pflegerinnen und Erzieherinnen unserer ersten Kindheit eignen die Weiber sich gerade dadurch, dass sie selbst kindisch, läppisch und kurzsichtig, mit einem Worte: zeitlebens große Kinder sind – eine Art Mittelstufe zwischen dem Kinde und dem Manne, als welcher der eigentliche Mensch ist. Man betrachte nur ein Mädchen, wie sie tagelang mit einem Kinde tändelt, herumtanzt und singt, und denke sich, was ein Mann beim besten Willen an ihrer Stelle leisten könnte.

§ 366
Je edeler und vollkommener eine Sache ist, desto später und langsamer gelangt sie zur Reife. Der Mann erlangt die Reife seiner Vernunft und Geisteskräfte kaum vor dem achtundzwanzigsten Jahre, das Weib mit dem achtzehnten. Aber es ist auch eine Vernunft danach: eine gar knapp gemessene. Daher bleiben die Weiber ihr Leben lang Kinder, sehn immer nur das Nächste, kleben an der Gegenwart, nehmen den Schein der Dinge für die Sache und ziehn Kleinigkeiten den wichtigsten Angelegenheiten vor. Die Vernunft nämlich ist es, vermöge deren der Mensch nicht wie das Tier bloß in der Gegenwart lebt, sondern Vergangenheit und Zukunft übersieht und bedenkt; woraus dann seine Vorsicht, seine Sorge und häufige Beklommenheit entspringt. Der Vorteile wie der Nachteile, die dies bringt, ist das Weib infolge seiner schwächern Vernunft weniger teilhaft: vielmehr ist dasselbe ein geistiger Myops*, indem sein intuitiver Verstand in der Nähe scharf sieht, hingegen einen engen Gesichtskreis hat, in welchen das Entfernte nicht fällt; daher eben alles Abwesende, Vergangene, Künftige viel schwächer auf die Weiber wirkt als auf uns, woraus denn auch der bei ihnen viel häufigere und bisweilen an Verrücktheit grenzende Hang zur Verschwendung entspringt [...]. Die Weiber denken in ihrem Herzen, die Bestimmung der Männer sei, Geld zu verdienen, die ihrige hingegen, es durchzubringen; womöglich schon bei Lebzeiten des Mannes, wenigstens aber nach seinem Tode. Schon dass der Mann das Erworbene ihnen zur Haushaltung übergibt, bestärkt sie in dem Glauben. – So viele Nachteile dies alles zwar mit sich führt, so hat es doch das Gute, dass das Weib mehr in der Gegenwart aufgeht als wir und daher diese, wenn sie nur erträglich ist, besser genießt, woraus die dem Weibe eigentümliche Heiterkeit hervorgeht, welche sie zur Erholung, erforderlichenfalls zum Troste des sorgenbelasteten Mannes eignet.

* Kurzsichtiger

1. Wie sieht die Menschheitsentwicklung nach Schopenhauer aus?
2. Finden Sie Oberbegriffe und Oppositionspaare, die die Unterschiede zwischen Mann und Frau, so wie Schopenhauer sie sieht, verdeutlichen.
3. Rhetorisch geschickt setzt Schopenhauer in seinen Ausführungen die Kurzsichtigkeit als Bezugsebene ein. Worin drückt sich diese Kurzsichtigkeit seiner Meinung nach aus? Welche Ursachen könnte sie Ihrer Meinung nach haben?

Eine der Lieblingsmaximen des Herrn von Briest lautet „Weiber weiblich, Männer männlich" – ein klarer Hinweis auf akzeptierte grundsätzliche Differenzen zwischen den Geschlechtern, die sich auch in der Verteilung der gesellschaftlichen Zuständigkeiten niederschlagen. Mit der Erweiterung der Beamtenschaft und im Zuge der Industrialisierung wird diese Trennung besonders für den Mittelstand typisch. Der Mann verlässt das Haus, um an seinen Arbeitsplatz zu gelangen und damit ins öffentliche Leben einzutreten, während die Frau für die häuslich-private Sphäre zuständig ist. Alle Arbeiten, die im Haushalt anfallen, gehören in ihren Aufgabenbereich und unterstehen ihrer Aufsicht. Anderweitige Tätigkeiten, größeres Bildungsinteresse oder gar Arbeit zum Broterwerb sind für eine bürgerliche oder adlige Frau unstatthaft. Gelingt ihr die wirtschaftliche Absicherung durch Heirat nicht, bleiben nur Tätigkeiten wie die einer Gesellschafterin oder Lehrerin, wohingegen die ledige wie auch oft die verheiratete Unterschichtsfrau als Hausangestellte oder Arbeiterin arbeitet.

Gerade das Recht auf Bildung und Arbeit hat sich die frühe bürgerliche Frauenbewegung zur Hauptforderung gemacht. Gab es vor der Revolution 1848 bereits Ansätze, etwa im Schriftwechsel oder in den Salons einiger Romantikerinnen wie Caroline Schlegel-Schelling, Rahel Varnhagen oder Bettina von Arnim, die Stellung der Frau in der bürgerlichen, manchmal auch adligen Gesellschaft der eigenen Zeit zu diskutieren, gerieten diese Gedanken in den restaurativen 50er-Jahren in Vergessenheit. Bald lebten sie wieder auf und führten zur ersten Frauenkonferenz in Leipzig, wo dann auch 1865 der „Allgemeine Deutsche Frauenverein" gegründet wurde.

Fanny Lewald, eine Mitte des 19. Jahrhunderts bekannte Schriftstellerin, spricht sich für Scheidung und freie Ehegattenwahl aus und lehnt die Ehe als reine Versorgungsinstitution ab. Als notwendige Alternative fordert sie die „Emanzipation der Frauen zu Arbeit und Erwerb", wobei sie einer gründlichen und umfassenden Schulausbildung für Mädchen eine zentrale Rolle zuspricht.

> Es muss den Eltern möglich gemacht werden, ihre Töchter von ihrem siebenten bis zu ihrem achtzehnten Jahre ganz ebenso wie ihre Söhne durch alle Klassen einer Bildungsanstalt durchgehen zu lassen. […] Ich bin fest überzeugt, dass keinem Frauenzimmer die mehrjährige strenge Disziplin einer ordentlichen Lehranstalt, dass ein folgerechtes Arbeiten ihm schaden, dass es die Frauen weniger geeignet machen kann, ihren Pflichten innerhalb des Hauses und der Familie vorzustehen. Gerade im Gegenteil.

Wie Fanny Lewald, aus gutbürgerlichen Kreisen stammend und ebenso unter der ungleichen Schulausbildung der Jungen und Mädchen leidend, wird Hedwig Dohm zu einer der radikalsten Kämpferinnen für die Rechte der Frau gegen Ende des 19. Jahrhunderts. Als Erste tritt sie vehement für das Frauenstimmrecht ein, aber sie kritisiert auch stark die unzulängliche Ausbildung von Mädchen, die ihnen das Universitätsstudium unmöglich macht.

> […]
> Ob Frauen studieren dürfen? Ob es ihnen erlaubt war und erlaubt ist?
> Meine Gegner bejahen diese Frage, ich verneine sie.
> Die Professoren sind der Meinung, dass von jeher den Frauen nichts im Wege gestanden, sich wissenschaftliche Kenntnisse zu erwerben. Meine Meinung geht dahin, dass von jeher
> 5 Vorurteil und Gewohnheit, Gesetz und faktische Verhältnisse die Frauen am Studieren gehindert haben. Hören wir zuerst den Herrn Professor der Philosophie aus Bonn!
> „Viele Beispiele", sagt er, „lehren uns, dass die geistige Entwickelung begabter Frauen unter dem herrschenden Einfluss der Männer selten gehemmt worden ist, sondern weit häufiger die größtmögliche Begünstigung erfahren hat. Die Kulturgeschichte weiß nichts davon, dass
> 10 begabte wissbegierige Frauen von der rauen Männerwelt schon an den Pforten des Heiligtums zurückgewiesen sind. Die äußeren Verhältnisse also bieten keine Anhaltspunkte zur Erklärung der Tatsache, dass nur wenig schöpferische Leistungen der Frauen vorliegen."

Und wüsste wirklich die „Kulturgeschichte" nichts davon – wenn ich nur davon weiß, das genügt mir vollkommen. Und in der Tat, ich spreche hier aus eigenster Erfahrung, die dem Herrn Professor nicht zur Seite stehen kann. Auch ich gehörte zu jenen wissensdurstigen Frauen, die an die Pforten des Heiligtums klopften, um – ausgelacht zu werden. Und ich war nicht die Einzige zu jener Zeit. […]

Denken Sie sich, […] unser Friedrich Schiller wäre in seiner Feldscher-Familie als kleine Friederike zur Welt gekommen. Was würde wohl Großes in der kleinen Mädchenschule zu Marbach aus dieser Friederike geworden sein?

Ich kann es mir lebhaft vorstellen! Schiller Riekchen hätte in der Schule beim schläfrigen Lese- oder Rechenunterricht, anstatt aufzupassen, ihre Bücher mit Versen beschmiert, und ahnungslos würde der Lehrer die sapphoschen* Kleckse mit Fingerklopfen gestraft haben. Riekchen hätte man oft unter einem Lindenbaum gefunden – träumend.

Riekchen hätte frühzeitig ihren guten Ruf verloren wegen verprudelter Handarbeiten und Ungeschicklichkeit beim Aalschlachten. Ihr wäre auch kein Mann zuteil geworden; denn der Verdacht zukünftiger Blaustrümpfigkeit* hätte jeden soliden Marbacher abgeschreckt. Riekchen wäre frühzeitig gestorben – an einem Herzfehler.

Keine Nachwelt würde, o Riekchen, deinen Namen nennen; und dennoch, so gut Raphael (nach Lessing), auch ohne Hände geboren, der größte Maler aller Zeiten gewesen wäre, ebenso gut wärst auch du die größte Dichterin Deutschlands gewesen, wenn auch ungedruckt. Wie viel große Unbekannte weiblichen Geschlechts mögen in diesem, dem Lessingschen, Sinne auf unserer Erde gewandelt haben, ohne eine Spur ihres Daseins zu hinterlassen! Mit verschlossenen Lippen steigen die meisten Frauen ins Grab.

[…]

*Sappho: griech. Dichterin (um 600 v. Chr.), bedeutendste Lyrikerin des Altertums

*Blaustrumpf: Spottname für intellektuelle Frauen

1. Wie baut Hedwig Dohm ihren Beitrag auf? Welche Autoritäten bemüht sie?
2. Warum entscheidet sich die Autorin wohl für einen so prominenten und renommierten Schriftsteller wie Schiller?
3. Worin besteht Riekchens Dilemma?
4. Wie könnte der Text weitergehen? Schreiben Sie einen weiteren Absatz.

Einige Daten zum Kampf um die Rechte der Frauen
1871 In Zürich studieren die ersten deutschen Frauen Medizin.
1872 Die Frauenrechtlerin Hedwig Dohm fordert das Frauenstimmrecht.
1890 Auf einem Berliner Gewerkschaftskongress wird die Aufnahme weiblicher Gewerkschaftsmitglieder beschlossen.
1893 Eröffnung des ersten Mädchengymnasiums (in Karlsruhe)
1898 Breslau lässt als erste deutsche Universität Frauen zum Medizinexamen zu.

Das literarische Umfeld

Goethe und Schiller, Denkmal in Weimar

Hatte die Vormärzgeneration noch versucht, das politische Bewusstsein des oppositionellen Bürgertums literarisch zum Ausdruck zu bringen, herrschte in der Zeit nach 1848 eine Konzentration auf die ungehinderte Entfaltung der wirtschaftlichen Leistungskraft im Bürgertum vor. Politische Ohnmacht einerseits und ein gewisser Wohlstand als Folge der Industrialisierung andererseits prägten die Situation der wachsenden bürgerlichen Schichten. Damit veränderten sich auch deren kulturelle Ansprüche: Man verlangte nach Unterhaltung.

Massenveranstaltungen wie etwa Pferderennen, bei denen das Kriterium „Sehen und gesehen werden" eine zentrale Rolle spielte, wurden sehr beliebt. Auf den Spielplänen der Theater dominierten klassische oder die Klassiker nachahmende Stücke, besonders seit den spektakulären Feierlichkeiten zu Schillers hundertstem Geburtstag 1859. Auch der Opernbesuch fand großen Zuspruch beim bürgerlichen Publikum. Später entwickelte sich die Operette, eng verbunden mit Namen wie Jacques Offenbach und Johann Strauß, als anspruchsvolleres Unterhaltungstheater. Wien, Karlsruhe, München, Weimar und vor allem Richard Wagners Bayreuth erlebten eine glanzvolle Phase des Theaterbaus, der Spieltruppen und der Regie, denn Theater als gesellschaftliches Ereignis genoss ein hohes Ansehen.

1. Informieren Sie sich über das Repertoire der öffentlichen und privaten Bühnen in Ihrer Umgebung. Welche Stücke dominieren die Spielpläne, welche gelten als Publikumsmagneten?
2. Betrachten Sie die Abbildungen des Denkmals von Goethe und Schiller. Welche Fotografie ist authentisch, welche spiegelverkehrt? Begründen Sie.
3. Inwiefern kommt die hier beschriebene Haltung zu den Vertretern der Weimarer Klassik in dem Denkmal zum Ausdruck?

BÜCHER – LESEN, SCHREIBEN UND BESITZEN

Aber auch der sich in der zweiten Hälfte des 19. Jahrhunderts enorm vergrößernde literarische Markt bediente das weit verbreitete Bedürfnis nach Kurzweil und Ablenkung. Die Weiterentwicklung der Drucktechnik machte die massenhafte Verbreitung des gedruckten Wortes möglich. Das Lesen von Büchern, Zeitungen und Zeitschriften gehörte bald zu den beliebtesten Beschäftigungen während der arbeitsfreien Zeit im bürgerlichen Haushalt.

Durch die Einführung der Schulpflicht im 19. Jahrhundert wurden mehr und mehr Volksschüler mit den Grundtechniken Lesen, Schreiben und Rechnen vertraut gemacht, sodass die Zahl der Lese- und Schreibkundigen von 25 % um 1800 über 40 % um 1830 auf 75 % um 1870 stieg. 1900 schließlich waren 90 % in Deutschland erreicht. Mit der steigenden Lesefähigkeit verschwand auch das bis weit ins 19. Jahrhundert hinein noch verbreitete laute Vorlesen.

Hans Thoma: Mutter und Schwester (1866)

 1. Erörtern Sie die Relevanz solcher Angaben bezüglich Aussagen über das aktive Leseverhalten.

Lesegesellschaften und insbesondere Leihbüchereien profitierten stark vom wachsenden Lesepublikum. Der Buchhandel dagegen befand sich zwischen 1848 und 1880 in einer schweren Absatzkrise, da Bücher für das Gros der Bevölkerung unerschwinglich blieben und fast 90 % des literarischen Publikums über Jahrzehnte hinweg ihren Lesestoff in Leihbibliotheken bezogen. Da die durchschnittliche Auflage eines Buches bei 500 bis 1000 Exemplaren lag und selbst ein Autor wie Fontane zu Lebzeiten nie über eine fünfte Auflage, also eine Auflagenhöhe von 5000 Büchern, hinauskam, war es auch für die Schriftsteller überaus wichtig, in den Bestand der Leihbibliotheken aufgenommen zu werden. Gleichzeitig wurden somit die ohnehin schon geringen Absatzchancen für ihre Bücher noch verkleinert. Während die außerordentlich niedrigen Gebühren der Leihbibliotheken potenziell auch unteren Schichten den Zutritt ermöglichten, hielten sich diese – wohl auch aus einer gewissen „Schwellenangst" heraus – eher an die fliegenden Händler. Diese so genannten Kolporteure zogen mit preiswerten Druckerzeugnissen übers Land und durch die Arbeiterquartiere. Von Tür zu Tür vertrieben sie religiöse Druckerzeugnisse, Kalender, Koch- und Liederbücher. Neben Heftchenromanen, die in Reihen oder Fortsetzungen erschienen, verkauften die Kolporteure später auch Lexika, Atlanten und die Volksausgaben der 1867 freigegebenen Klassiker. Die Preise ihrer Waren lagen bei 10 bis 15 Pfennigen, ihre Käufer waren Dienstboten, Fabrikarbeiter und kleine Beamte.

Der Kauf eines gebundenen Buches jedoch blieb auch für die mittleren Bevölkerungsschichten eine Ausnahme, hier wurden Zeitungen und ab 1850 vermehrt Zeitschriften für die gesamte Familie angeschafft.

Das komplexe Verhältnis zwischen Buchbesitz, Lektüre, Leihbibliothek und Autoreneinkommen spiegelt auch der folgende Briefwechsel zwischen der Kommerzienrätin Agnes S. in Berlin und dem Dichter Wilhelm Jordan in Frankfurt wider.

– Geehrter Herr Doktor! Da ich gestern in der Soirée bei Sr. Exzellenz das Vergnügen hatte, Ihre Bekanntschaft zu machen, darf ich es wohl wagen, Sie um eine kleine Gefälligkeit zu bitten.

Wir beabsichtigen in unserm ästhetischen Kränzchen, das nächsten Samstag bei mir stattfindet, Ihr Lustspiel *Die Liebesleugner** mit verteilten Rollen zu lesen. Meiner Kusine, der Gemahlin des Bankiers Lastgold, hat Herr Dr., der ihr literarische Stunden gibt, sein Rezensionsexemplar zur Verfügung gestellt und ich habe mir ein zweites aus der Winkelhofschen Leihbibliothek kommen lassen. Da jedoch in mehreren Szenen mehr als zwei Personen auftreten, so hätten wir gern noch ein drittes und womöglich viertes Exemplar. Sie, als Verfasser, verfügen gewiss über beliebig viele. So bitte ich Sie hiermit freundlichst, mir einige davon auf ein paar Tage leihen zu wollen.

Indem ich mich zugleich beehre, Sie zu meinen Samstagabenden auf die Dauer Ihrer Anwesenheit in unserer Stadt ein für alle Mal einzuladen, bin ich etc.

Ihre Agnes S.

*lyrisches Lustspiel, 1855 in Frankfurt/Main bei Sauerländer erschienen

Wilhelm Jordan antwortete darauf Folgendes:

Eine Reihe von Soiréen, geehrte Frau Kommerzienrätin, hat mir Gelegenheit gegeben, den feinen Geschmack und Sinn für Harmonie zu bewundern, den Sie beweisen in Ihrer jedes Mal funkelnden Toilette. Diesem Ihrem Talent muss ich die Lösung der Aufgabe überlassen: in gewiss gleich gewähltem und reichem Anzug um die schwer silberne Teemaschine zu sitzen und, aus vergoldeten Tassen trinkend, sich gleichwohl behaglich und in Ihren ästhetischen Neigungen unbeleidigt zu fühlen, indem Sie die geistige Kost zu sich nehmen aus Gefäßen von minder sauberer Beschaffenheit. Ich vermute, dass Sie Teller mit Sprüngen oder mit den Spuren der Mahlzeit eines andern auf Ihrer Tafel nicht dulden würden. Wenn Ihnen gleichwohl die Rotstiftkreuze und Abdruckzeichen in einem zerlesenen Rezensionsexemplar minder störend sind oder wenn die nämlichen zarten Hände, die wenigstens drei Paar neue Glacéhandschuhe à 1 Tlr. wöchentlich verbrauchen, nicht zurückzucken vor der Berührung der Bücher aus der Winkelhofschen Leihbibliothek, obgleich deren Deckel glasiert zu sein pflegen mit dem Fettglanz einer Metzgerschulter –, so ist das Ihre Sache und ich muss mich begnügen mit einiger Verwunderung über diese bemerkenswerte Umpanzerung Ihres Feinsinnes mit einer dem Ekel undurchdringlichen Hornhaut.

Nicht versäumen aber darf ich diesen Anlass, Ihnen Ihre Bitte in einer Beleuchtung zu zeigen, die ohne Zweifel Ihnen selbst sehr unerwartet sein wird.

Sie und Ihre Gesellschaft wünschen mein Lustspiel zu lesen. Dieser Wunsch, Frau Kommerzienrätin, ist ein Erzeugnis meines Kapitals und meiner Arbeit. Um ihn erregen zu können, bedurfte ich meines Erbteils von Vater und Mutter, des poetischen Talents, der Sprachgewandtheit, der Übung im Versemachen und einer Summe von Kenntnissen und Fertigkeiten, die weder umsonst noch ohne vieljährige Anstrengung zu erwerben sind. Mit diesem Betriebskapital hab ich dann wochenlang am Schreibtisch sitzen, hierauf die Darstellung meines Stückes betreiben, die Proben leiten, die Rollen mit den Schauspielern einstudieren müssen. Das Stück hat Beifall gefunden und dadurch das Publikum begierig gemacht, es auch lesen. So hat es neben seinem Bühnenwert auch einen Buchwert erlangt. Die Nachfrage des Publikums, von der die Ihrige einen Teil ausmacht, ist fällig gewordene Rente meines Kapitals, ist realisierbarer Verkaufswert der von mir produzierten Ware. Diese Rente nun hab ich für eine gewisse Zeit, von dieser Ware einen gewissen Vorrat an Herrn Sauerländer in Frankfurt verkauft.

Es ist also ein irrtümlicher Ausdruck, wenn Sie mich ersuchen, Ihnen das Stück zu leihen. Was Sie mir wiedergeben, das wäre nur die Schale einer gegessenen Auster; nämlich bedrucktes Papier, das die Eigenschaft verloren hätte, anderthalb Gulden aus Ihrer Kasse in diejenige meines Herrn Verlegers führen zu können. Dem Letzteren sind Sie durch das Faktum Ihrer Leselust den Ladenpreis schuldig geworden, zwar nicht nach dem Handelsgesetz, wohl aber nach einem höheren, das auf Ihrer gesellschaftlichen Stufe mindestens ebenso bindend sein sollte: nach dem Gesetz des Anstandes.

Es gibt Leute, denen es niemand übel nimmt, wenn sie dem Aufsteigen eines Luftballons oder einer Kunstreitergesellschaft von außerhalb der Planken gratis zuschauen, andere, für die der dritte oder zweite, andere endlich, für die nur der erste Platz schicklich ist. So gibt es denn auch große Klassen, die sich mit Büchern gegenseitig aushelfen oder in die Leihbibliothek schicken müssen. Aber stellen Sie sich Ihren Gemahl, den Herrn Kommerzienrat, vor, die schwere Goldkette seines Chronometers zur Schau tragend auf der mit feinstem Pik und Buckskin bekleideten Vorwölbung seiner wohlgenährten Gestalt und dennoch, umgeben von zerlumpter Straßenjugend, vom Ast eines Baumes aus seine Schaulust am Pferderennen befriedigend.

Sie und Hunderte Ihres Standes verschmähen es nicht, eine ähnliche Situation einzunehmen gegenüber dem am wenigsten beschützten, unbewachbarsten Eigentum, dem des Schriftstellers – offenbar ahnungslos und weil Sie noch niemals überlegt haben, worin dies Eigentum bestehe.

Sie sowohl als Ihr Herr Gemahl sind ja warme Bewunderer Englands und englischer Sitten. Wohlan denn, seien Sie englisch auch in Ihrem Verhalten zur Literatur. In England hat niemand Anspruch auf den Namen eines Gentleman, der nicht eine Bibliothek besitzt im Verhältnis zu seinem Vermögen. Eine Flucht von zwölf Zimmern und Sälen zu bewohnen wie Sie, sechs Pferde und drei Bediente zu halten wie Sie und dennoch geliehene Bücher, wohl gar aus der Leihbibliothek, zu lesen, das würde in England für höchst unanständig gelten.

Trotz alledem aber, verehrteste Frau Kommerzienrätin, bin ich gern bereit, Ihnen etliche Exemplare des gewünschten Lustspiels zu leihen, wenn Sie mir eine genau entsprechende Gegengefälligkeit leisten wollen.

Man versichert, dass Sie Ihrem Herrn Gemahl als Mitgift einen stattlichen Folioband in Maroquin zugebracht haben, dessen Inhalt sehr schätzenswert sei, wenn auch zum Lesen nicht besonders unterhaltend, denn er bestehe aus lauter Staatsschuldscheinen. Ich bitte Sie, mir denselben nur auf einige Stunden zu leihen. Sie sollen ihn pünktlich nach Ablauf dieser Frist wiedererhalten; denn ich will weiter nichts als die Zinskupons für mich herausschneiden.

Ihr Jordan

---

1. Was erfahren Sie über Leihbibliotheken und deren Nutzer?
2. In welchen Funktionen wird „Literatur" in den beiden Briefen gesehen? Wo gibt es Ähnlichkeiten, wo prallen die Einschätzungen aufeinander?
3. Suchen und unterstreichen Sie die Textstellen, wo direkt oder indirekt auf den Aspekt Eigentum angespielt wird.
4. Welches schriftstellerische Selbstverständnis spricht aus der Antwort des Autors? Vergleichen Sie diese Haltung mit Ihnen bekannten Einstellungen von Autoren anderer literarischer Epochen.
5. Verfassen Sie ein Antwortschreiben der Kommerzienrätin.

PRACHTWERKE

Bis zum 9. November 1867 war es die Cottasche Verlagsbuchhandlung, die – bis auf wenige Ausnahmen wie Tieck, Jean Paul und Kleist – die Textrechte für die außerordentlich beliebten Autoren der Goethezeit hielt. Mit der Freigabe der urheber- und verlagsrechtlichen Bindung aller vor dem 9. November 1837 verstorbenen Autoren belebte sich der Buchmarkt wesentlich. Deutlich billigere, auflagenstärkere und sorgfältiger edierte Klassikerausgaben, die nach wie vor hoch in der Gunst des Lesepublikums standen, wurden erstmals mit großem Werbeaufwand angeboten. Ein Projekt aus dieser Zeit hat bis heute überdauert: die Reclamsche „Universalbibliothek". Als einziges Unternehmen lieferte Reclam abgeschlossene Einzelwerke ohne Verpflichtung zur Gesamtabnahme. Neben der Nummer eins, Goethes „Faust", waren bereits unter den allerersten Titeln unterhaltende Schriften wie auch Übersetzungen zeitgenössischer europäischer Romanautoren.

Die Klassikerfreigabe und der damit einhergehende Preissturz für Bücher öffnete den unteren gesellschaftlichen Schichten unmittelbaren Zugang zu Bildungsgütern, die bislang eher besser bemittelten sozialen Gruppen vorbehalten waren. Für diese Abnehmer entstand nun mit der Pracht- und Geschenkliteratur ein neuer Markt. Der Verkauf von aufwändig gestalteten, illustrierten und entsprechend kostspieligen Prachtausgaben blühte in den 60er- und 70er-Jahren des 19. Jahrhunderts. Bücher als Luxusartikel waren symptomatisch für das kulturelle Selbstverständnis der Gründerzeit, da sie den Repräsentationsdrang ihrer Käufer, weniger deren Lesehunger befriedigten.

In einer Ausgabe von 1874 stellt das „Magazin für den deutschen Buchhandel" folgenden Vergleich an:

[Die Prachtwerke sind] Gründerliteratur für den Weihnachtstisch, Kolportageliteratur für das <bessere> Publikum, d. h. Leute mit Geld, deren Mittel es zweifellos gestatten, ihr Daheim künstlerisch würdig auszuschmücken, für deren Schönheitssinn und Gefühl aber solche <Prachtwerke> mehr Verständnissinniges haben. Es herrscht hier genaue Analogie: geradeso, wie der Kolportageroman mit seinen Sensationstiteln und seiner in allen Floren blühenden und duftenden Darstellungsweise bei dem herzeinfältigen, von der höheren Geisteskultur noch nicht beleckten Kolportagepublikum ein erstes literarisches Bedürfnis anregt, geradeso wird mit den <Prachtwerken> dem Gründer und was ihm im geistigen Horizonte und Geld gleichsteht, ein seiner Bildungsstufe angepasster künstlerischer Salonschmuck gegeben.

1. Welchen Zwecken dienen die <Prachtwerke>?
2. Vergegenwärtigen Sie sich die „Analogie", die der Schreiber dieses Textes herstellt, anhand einer Tabelle. In welchem Verhältnis stehen Geld und Bildung in seiner Sicht?
3. Welche Rolle fällt der eigentlichen Lektüre von Literatur in dieser Aussage zu?

Schillerdenkmal auf dem Gendarmenmarkt in Berlin

Schiller, einem der Lieblingsdichter des Bürgertums, war die erste große literarische Prachtausgabe gewidmet. Die Gedicht-Edition kostete 42 Thaler, 42 Ngr. bzw. 73 fl. Das entsprach etwa dem Lohn von eineinhalb Arbeitsjahren einer schlesischen Weberfamilie (Heimarbeit) oder mehr als dem Viertel des durchschnittlichen jährlichen Arbeitseinkommens der damals in Industrie und Handel Beschäftigten.
Der Werbetext von 1864 lautet folgendermaßen:

> Schillers Gedichte, Jubiläums-Prachtausgabe. Mit 16 großen und 27 kleinen, dem Text eingefügten Fotografien nach Zeichnungen von Böcklen [!], Kirchner, Karl Piloty, Ferd. Piloty, Ramberg, Schwind und anderen. Ferner mit einer Titel-Fotografie nach einem Basrelief von Scheffauer und zahlreichen Anfangs- und Schlussvignetten in Holzschnitt, gezeichnet von Julius Schnorr. […] in Prachteinband in stark en relief gepresstem Chagrinleder in den Farben   5
> Anilinrot, Anilinviolett, Braun und Grün, mit einer Unterlage von Sammet für das Medaillon und folgenden in Bronze ausgeführten, auf galvanischem Weg echt vergoldeten Ornamenten: Auf der Vorderseite: a) 4 Rosetten (Knöpfe), b) großes Medaillon, Schillers Büste, c) Einrahmung. Auf der Kehrseite: 4 Rosetten (wie oben). Auf dem Rücken: 1 vergoldeter Schild, zwei kleinere Rosetten.

1. Fertigen Sie eine Illustration des Buchumschlags für die Werbeanzeige an.
2. Untersuchen Sie den Text auf die technischen Verfahren hin, von denen die Anzeige spricht.
3. Thematisieren Sie das Verhältnis von Inhalt und Aufmachung.
4. Welche Funktion haben solche Textausgaben?
5. Wieso kommt es nicht zu Prunkausgaben der Autoren, die heute zu den wichtigen Schriftstellern des Realismus zählen?

LITERATUR ALS MASSENWARE: DIE FAMILIENZEITSCHRIFTEN

Das allgemeine Leseinteresse wurde trotz allmählich fallender Buchpreise nach 1867 hauptsächlich durch Leihbibliotheken und seit den 60er- und 70er-Jahren immer stärker durch wöchentlich erscheinende Presseprodukte befriedigt. Unterhaltende und informierende Zeitungen und Journale, so genannte Familienzeitschriften, gewannen immer mehr an Attraktivität, da sie für das bürgerliche Lesepublikum bezahlbar waren und den gesamten Haushalt als Zielgruppe ansprachen. Familienblätter wie „Daheim", „Über Land und Meer" oder „Vom Fels zum Meer" verzeichneten Auflagenhöhen bis zu 200 000 Exemplaren. Die erfolgreichste Zeitschrift war die „Gartenlaube", die 1875 ihre höchste Auflage mit 382 000 Exemplaren erreichte.

Begünstigt wurde diese Entwicklung durch die nach der gescheiterten Revolution erneut erfolgenden staatlichen Eingriffe in die Pressefreiheit (Zensur, Stempelsteuer), die besonders die politischen Zeitungen betrafen. Neue Vertriebsmethoden und gezielte Werbung verhalfen den Familienzeitschriften zu einem massenhaften Absatz, da sie bei einem jährlichen Preis von durchschnittlich 6 Mark für weite Kreise erschwinglich geworden waren. Mittlere und höhere Beamte, Fach- und Fabrikarbeiter konnten sich solch ein Jahresabonnement leisten, das für weniger qualifizierte Arbeitskräfte wie Land- oder Textilarbeiter ein unbezahlbares Vergnügen blieb.

Wichtige Daten zur Entwicklung der Druckindustrie und des Zeitungswesens:
- 1810 Erfindung der Schnellpresse
- 1814 Erfindung der Zylinderpresse
- 1826 Mehrfarbendruck
- 1844 billigere Papierherstellung aus Holz statt aus kostspieligen Lumpen
- 1862 Erfindung der Komplettgießmaschine
- 1869 Neuordnung der Gewerbegesetze
- 1873 Einsatz der Rotationsmaschine
- 1884 Einsatz der Setzmaschine

1. Diskutieren Sie über den Zusammenhang zwischen Neuerungen im Zeitungs- und Druckwesen und dem Ausbau des Eisenbahnnetzes hinsichtlich der Entstehung von (Massen-)Kommunikationsmitteln.

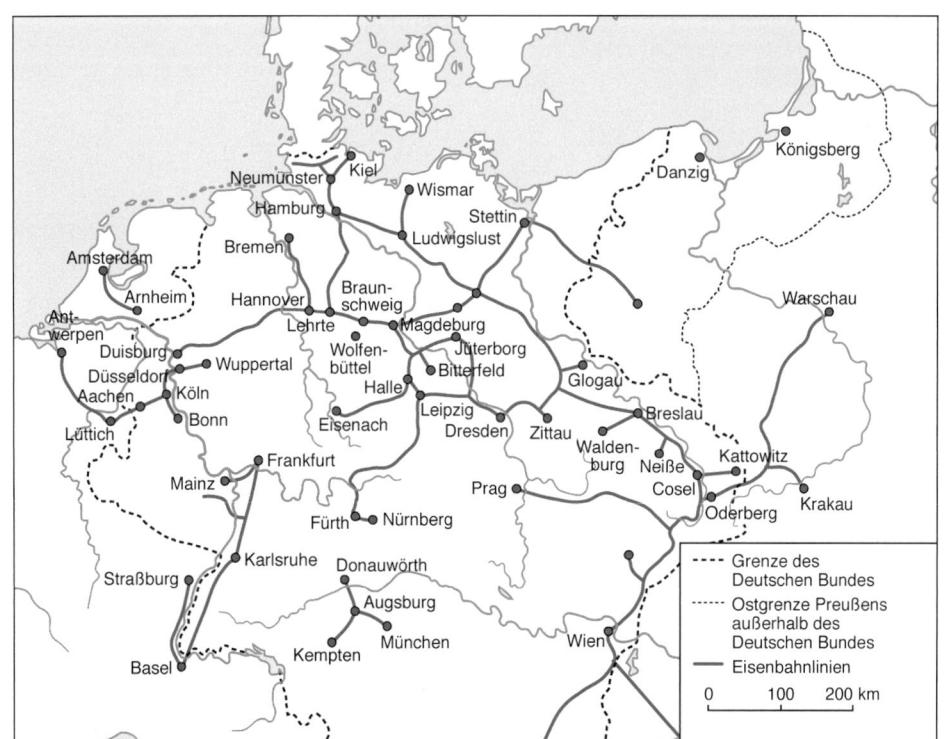

Entwicklung des Eisenbahnnetzes in Deutschland bis 1850

Eisenbahnlinien
bis 1840: Streckenlänge 549 km★
bis 1850: Streckenlänge 6044 km★

★ Zahlen nach: J. Kuczinski: Die Bewegung der deutschen Wirtschaft von 1800 bis 1946. Berlin, Leipzig o. J.

Trotz ihrer Abkehr von der Politik sahen sich die Familienblätter oft in der Tradition eines mittelständischen Liberalismus. Der Verleger Ernst Keil brachte die Idee für die Gründung einer Zeitschrift aus dem Gefängnis mit, in dem er auf Grund seines Engagements für die Seite der bürgerlichen Revolution bis 1852 einsaß. Seine 1853 gegründete Familienzeitschrift „Die Gartenlaube" gilt als Paradebeispiel für die erfolgreiche Massenliteratur der Zeit.

Direkte politische Abhandlungen fehlten, während über kulturelle Veranstaltungen wie Schauspiel, Oper, Kunst und Kunstgewerbe ausführlich berichtet wurde. Viel Platz wurde auch gesellschaftlichen und sozialen Themen wie Militär, Sport, Großstadt oder etwa Frauenemanzipation, aber auch Familie, Mode und Heilkunde eingeräumt. Besonders viel Anklang fanden Reportagen über Reisen in ferne Länder, Zeitglossen und nicht zuletzt die rein literarischen Beiträge, die oftmals in Form von Fortsetzungsromanen erschienen, um den Verkauf der folgenden Ausgabe zu sichern.

Keil ging es aber auch darum, Volksbildung bezüglich der sich überschlagenden neuesten Errungenschaften in den Bereichen Technik, Biologie, Physik und Chemie zu betreiben, und er legte großen Wert darauf, dieses in den Schulen nicht vermittelte technisch-naturwissenschaftliche Wissen seinem Lesepublikum in leicht verständlicher Form darzubieten.

So fand sich in vielen Zeitschriften Nützliches und Interessantes für jedes Familienmitglied gleichberechtigt neben „schöner" Literatur. Dieses breit gefächerte Angebot von informativem und unterhaltendem Lesestoff in Journalform wurde angereichert mit aufwändigen Illustrationen, einer weiteren Neuigkeit im Zeitschriftengewerbe. Dieser Einladung zum Lesen, Blättern und Betrachten folgten in der zweiten Hälfte des 19. Jahrhunderts so viele Bürgerinnen und Bürger, dass der Literaturkonsum in Form von Familienzeitschriften bald zu den wichtigsten Arten des individuellen Freizeitverhaltens zählte.

1. Beschreiben Sie das Titelbild der „Gartenlaube"-Ausgabe von 1891.
2. Inwiefern stimmen Titelbild und programmatische Ausrichtung hier überein?
3. 1870 brachte es „Die Gartenlaube" auf eine Auflagenhöhe von 270 000, später stieg sie auf fast eine halbe Million. Mit welchen heutigen Wochenzeitschriften würden Sie die „Gartenlaube" bezüglich ihrer Auflagenhöhe und/oder inhaltlichen Schwerpunktsetzung vergleichen?
4. Erstellen Sie ein Inhaltsverzeichnis für eine historische oder heute aktuelle Ausgabe der „Gartenlaube".

Die „Gartenlaube", die bis zum Jahre 1944 wöchentlich erschien, übte einen rasch wachsenden Einfluss auf den literarischen Zeitgeschmack aus. Die abgedruckten Texte, zumeist Novellen oder Romane, gaben sich moralisch und unterhaltend, harmonisch und einfach in der Problematik. Handlung und Linienführung sollten diesen Zielen möglichst untergeordnet werden. Rückgriff auf Bewährtes in Inhalt, Anspruch und Form wurde angestrebt und fast immer durchgesetzt, vor allem bei den kürzeren, auf Bestellung angefertigten Geschichten. Letztendlich ließ das neue Medium den Autoren wenig Raum für Experimente, da es den marktgerechten „praktischen Konsens, der sich allein im Erfolg zeigt" (Keil), suchte.

So erhöhte der Abdruck von Eugenie Marlitt-Johns (1825–1887) Roman „Goldelse" 1867 die Auflagenhöhe der „Gartenlaube" fast um das Doppelte und bestimmte jahrelang das belletristische Konzept des Blattes. Marlitts Menschenbild mied Konflikte oder ersetzte sie durch Schwarzweißzeichnungen der Charaktere. In ihren Romanen wandte sie sich gegen Adelsprivilegien und die Arroganz des Großbürgertums. Pflichtbewusstsein und Fleiß wurden hingegen, manchmal auf Umwegen, mit einem positiven Romanausgang belohnt.
Marlitts Nachfolgerinnen bei der „Gartenlaube" und in der Publikumsgunst, Wilhelmine Heimburg und Hedwig Courths-Mahler, folgten ihren Erzählmustern und waren ähnlich erfolgreich.
Wurde doch einmal ein Roman eines anderen Schriftstellers abgedruckt, nahm sich die Zeitschriftenredaktion eigenmächtige Kürzungen und Streichungen heraus, wie zum Beispiel bei Fontanes Roman „Quitt" (1890).

So klagte Fontane in einem Brief an seine Frau vom 15. Juni 1876:

Schmuckblatt mit Porträt und Szenen aus Marlitt-Romanen

„Die Sachen von der Marlitt, von Max Ring, von Brachvogel, Personen, die ich gar nicht als Schriftsteller gelten lasse, erleben nicht nur zahlreiche Auflagen, sondern werden womöglich auch noch ins Vorder- und Hinterindische übersetzt; um mich kümmert sich keine Katze. Es ist *so* stark, dass es zuletzt wieder ins Lächerliche umschlägt. Und das rettet mich, sonst würd' ich leberkrank."

Die beim Zeitschriftenpublikum außerordentlich beliebten Reise- und Abenteuerbeschreibungen, später auch technisch-utopischen Erzählungen entwickelten sich allmählich zu einer eigenen literarischen Form, dem Jugendbuch. Autoren wie Friedrich Gerstäcker, Sophie Wörishöffer und Karl May etwa, die zunächst in Zeitschriften veröffentlicht hatten, errangen hier einen großen Bekanntheits- und Beliebtheitswert.

Da Journale und Zeitschriften für die gesamte Familie den Schriftstellern vergleichsweise gute Honorare und hohe Auflagen bieten konnten, gewannen sie auch bei ihnen immer mehr an Attraktivität. Daneben entstanden auch reine Literaturzeitschriften wie „Westermanns Monatshefte", „Nord und Süd" und die „Deutsche Rundschau", die es zu Auflagen bis zu 10 000 Exemplaren brachten.

Auch die Tageszeitungen reagierten auf das weit verbreitete Bedürfnis nach Unterhaltung. Hier wurden nun verstärkt Romane abgedruckt, die als Übersetzungen aus dem Französischen oder Englischen vorlagen. Wegen ihrer ausgeprägten Spannungs- und Fortsetzungsdramaturgie wurden diese Texte oftmals als Vorbild von den Zeitungsredaktionen hingestellt.

Ein Autor wie Friedrich Spielhagen (1829–1911) verkörpert die gar nicht zeituntypische Personalunion von Feuilletonredakteur und Zeitungsromanautor, eine neue Variante von Berufsschriftsteller, wie ihn erst die Zeitung mit täglichem Feuilleton möglich machte. Daneben gab es auch viele Redakteure und Verleger, die auf ihre Erfolgsautoren und -autorinnen so einwirkten, dass sie Texte geliefert bekamen, die in das eigene Konzept passten.

Obgleich der Import von übersetzten Texten die Absatzchancen für schöne Literatur verminderte, schufen auch die Zeitungen mit dem Ausbau der Feuilletons neue Arbeitsgebiete für die literarische Intelligenz. Insgesamt galt, dass sich die qualifizierteren Autoren einer ständig zunehmenden Nachfrage beim Zeitungsfeuilleton, bei den Literaturzeitschriften und Familienblättern ausgesetzt sahen.

So berichtet die Schriftstellerin Ottilie Wildermuth 1857 an den Kollegen Justinus Kerner:

> „Ich weiß noch nicht, wie ich's anfange, all die Journale zu füttern, die mit offenen Mündern um mich herumstehen und Nahrung begehren, da ist das Morgenblatt, Frauenzeitung, Musterzeitung von Engelhorn, Feuilleton der Kreuzzeitung, ein barmherziges Album aus Sachsen, ein unbarmherziges Album aus Preußen … die wollen alle Beiträge aus meiner geschätzten Feder aufnehmen, wo soll's denn meine geschätzte Feder noch auftreiben und hernehmen? […] ich werde ausgemostet von der Zeit."

Zur Organisation des Stoffnachschubs für den schier unersättlichen Literaturmarkt bildete sich ein „Organ für die Interessen der deutschen Schriftstellerwelt", das eine „Manuscripten-Vermittelung" betrieb. Hier ein Auszug aus dem Angebot von 1872:

> No. 10. Eine epische Dichtung. Von Kapazitäten, die das Manuskript in Händen hatten, ist das Werk als ein entschieden bedeutendes bezeichnet worden. 2 Bände zu 220 Seiten, im Druck ca. ebenso viel ergebend. […]
> No. 18. Epische Novellen und Sittenbilder. Das Werk ist von einer edlen, poetischen Feder geschrieben und zählt zu den höchsten Schöpfungen der Neuzeit. Umfang ca. 14 Bogen*.   5
> No. 19. Eine in Versen geschriebene Erzählung. Das Werk, sorgsam gearbeitet, ist leicht und lebendig und besonders Frauen ansprechend geschrieben. Es würde sich namentlich zu Illustrationen eignen und so ein sicher gangbares Weihnachtsbuch abgeben. […]
> No. 22. Ein Roman. Der Autor zählt zu unsern renommiertesten Schriftstellern. Die häufige schriftstellerische Tätigkeit in den Hallbergerschen Journalen, wodurch der Name beim   10 Lesepublikum immer wieder aufgefrischt wird, sichert dem Werk einen guten Absatz. Umfang 3 Bände ca. 40 Bogen. […]

* 1 Bogen = 16 Seiten

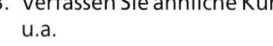

1. Welche literarischen Texte erscheinen wo für welche Zielgruppe?
2. Was sagen die beiden Quellen aus über das Verhältnis von Angebot und Nachfrage auf dem literarischen Zeitschriftenmarkt?
3. Verfassen Sie ähnliche Kurzanzeigen für Fontanes „Effi Briest", Hebbels „Agnes Bernauer" u.a.

Der Realismus
im europäischen Ausland

Der Realismus als Strömung in der Literatur fand nicht nur in Deutschland seinen Niederschlag. Viele realistische Romane aus England, Frankreich oder Russland wurden schon kurz nach ihrem Erscheinen ins Deutsche übersetzt und nahmen so Einfluss auf den deutschen Realismus. Andererseits waren aber auch deutsche Romane wieder Vorbild für die literarische Produktion im Ausland.
Viele der internationalen Romane des Realismus zählen auch heute noch zu den „Klassikern" der Weltliteratur. Dem breiten Publikum sind sie aber oft nur durch ihre Verfilmung bekannt.

Ein kurzer, naturgemäß nicht vollständiger Überblick über die ausländischen Vertreter des Realismus und ihre Werke soll Querverbindungen und Beeinflussungen zeigen:

Balzac, Honoré de,
* 20. 5. 1799 in Tour, +18. 8. 1850 in Paris,
gilt als der Begründer des sozialkritischen Realismus und der Behandlung der Zeitgeschichte im Roman. Sein großes Romanvorhaben war „Die menschliche Komödie". In 137 durch das „Personeninventar" verbundenen Romanen wollte er die ganze Vielfalt menschlicher Daseinsformen wiedergeben. Er konnte jedoch nur ca. 90 dieser Romane vollenden.

Flaubert, Gustave,
* 12. 12. 1821 in Rouen, + 8. 5. 1880 in Croisset (bei Rouen),
hatte für seinen bedeutendsten Roman, „Madame Bovary", ebenfalls einen realen Fall als Vorbild. Geschildert wird die Geschichte von Emma Bovary, die mit einem Landarzt verheiratet ist. Aus Langeweile betrügt sie ihn, macht Schulden und nimmt sich schließlich, als sie keinen Ausweg mehr sieht, mit Gift selbst das Leben.
Flaubert hatte für seinen Roman alle Einzelheiten (Zeit- und Lagepläne, technische Details etc.) genau recherchiert. Nach fünfjähriger Arbeit an dem Roman erschien er 1856 in Fortsetzungen in einer Zeitschrift. Diese Erstveröffentlichung brachte Flaubert einen Prozess wegen „Verstoßes gegen die öffentliche Moral, die guten Sitten und die Religion" ein. Zu einer Verurteilung kam es jedoch nicht, und als 1857 die Buchfassung erschien, profitierte sie natürlich von dem durch das Verfahren beförderten öffentlichen Interesse.

Stendhal, eigentlich Marie Henri Beyle,
* 23. 1. 1783 in Grenoble, + 23. 3. 1842 in Paris,
greift in seinem bekanntesten Roman, „Rot und Schwarz", einen realen Vorfall auf. 1828 wurde der Sohn eines Hufschmiedes wegen versuchten Mordes an der Dame des Hauses, in dem er als Hauslehrer tätig war, zum Tode verurteilt. Aus diesem Vorbild entsteht der Zimmermannssohn Julien Sorel, der sich, um in der Gesellschaft emporzukommen, für den Priesterstand entscheidet. Dass es ihm tatsächlich gelingt, bis in den Adelsstand aufzusteigen, liegt nicht an seiner besonderen Frömmigkeit, sondern daran, dass er beständig eine Rolle spielt und auch die Liebe der ihn begehrenden Frauen Gewinn bringend einzusetzen versteht. Als sein Verhalten auffliegt, versucht er, Frau de Rênal, deren Brief zu seiner Entlarvung führte, zu töten. Erst im Gefängnis beginnt er, zu sich selbst ehrlich zu sein. Er stirbt, wie sein reales Vorbild, durch die Guillotine.
Der Roman erschien 1830 in Frankreich. Die deutsche Übersetzung war bereits ein Jahr später zu haben.

Dostojewski, Fjodor Michailowitsch,
* 11. 11. 1821 in Moskau, + 9. 2. 1881 in Sankt Petersburg,
zeigt in seinem Roman „Schuld und Sühne" den Weg seines Helden Raskolnikov vom menschenverachtenden Rationalisten zum liebenden Menschen. Um sein Studium finanzieren zu können, tötet Raskolnikov eine alte Wucherin. Diese Tat, die er vorher rational vor sich rechtfertigen konnte, wirft ihn psychisch jedoch aus der Bahn. Seine Verurteilung und die Liebe zu einer Frau helfen ihm, zum Menschen zu reifen.

Tolstoi, Lew (Leo) Nikolajewitsch Graf,
* 9. 9. 1828 in Jasnaja Poljana, + 20. 11. 1910 in Astapowo (Gebiet Lipezk),
gilt als Vertreter des psychologischen Realismus. Sein bekanntester Roman, „Krieg und Frieden", der in den Jahren 1868 und 1869 entstand, schildert das Schicksal dreier russischer Adelsfamilien vor dem Hintergrund der napoleonischen Kriege. „Frieden" steht dabei für das Leben der Familien in Moskau, Sankt Petersburg und auf ihren Landgütern. Es wird geprägt durch Liebe, Gesellschaften und Theaterbesuche. Den Krieg erlebt der Leser aus der Sicht der männlichen Protagonisten, wobei nicht der russische Sieg, sondern Leid und Tod im Vordergrund stehen.

Dickens, Charles,
* 7. 2. 1812 in Portsmouth, + 9. 6. 1870 in Gadshill Place (bei Rochester),
gilt als Begründer des sozialen Romans. In seinen Werken, zu denen unter anderen „Oliver Twist" und „David Copperfield" gehören, schildert er das Leben von Menschen, die unverschuldet auf der Schattenseite des Lebens stehen. Armenhäuser, Schuldhaft sowie die Zustände in englischen Waisenhäusern werden dem Lesepublikum auf diese Weise plastisch vor Augen geführt. Dabei lassen sich einige der geschilderten Umstände auch im Leben von Dickens selbst wiederfinden. Gerade „David Copperfield" ist nämlich stark autobiografisch geprägt.

Elliot, George (eigentlich Mary Ann Evans),
* 22. 11. 1819 auf der Arbury Farm (Warwickshire), + 22. 12. 1880 in London,
zählt wohl zu den gebildetsten unter den englischen Schriftstellerinnen und Schriftstellern des 19. Jahrhunderts. Nach Arbeiten und Übersetzungen im religiös-philosophischen Gebiet wendet sie sich dem Roman zu und gehört zu den ersten bedeutenden Vertretern des psychologisch-sozialen Romans in England. Am Beispiel einer Provinzstadt stellt sie in „Middlemarch" (1871—1872) Probleme und Verflechtungen der zeitgenössischen Gesellschaft dar.

Scott, Walter (ab 1820 Sir),
* 15. 8. 1771 in Edinburgh, + 21. 9. 1832 in Abbotsford,
war als Herausgeber und Übersetzer tätig. 1805 begann er mit seiner Arbeit an dem Roman „Waverly, or, ´tis sixty years since", in dem er den Kampf der Stuarts um den schottischen Thron in den Jahren 1745 und 1746 aus der Sicht seines Helden Waverly schildert. Mit diesem 1814 erschienenen Roman gilt Scott als der Begründer des historischen Romans. Im Mittelpunkt steht nicht die historisch herausragende Persönlichkeit, sondern ein „normaler" Mensch, der wichtige Ereignisse als Zeitzeuge miterlebt. Da viele von Scotts Romanen in Schottland spielen, löste er einen ersten „Tourismusboom" in dieser Gegend aus. Auch Theodor Fontane bereiste, durch Scott inspiriert, das Land („Jenseits des Tweet"). Er übertrug Scotts Gedichte ins Deutsche und schrieb selbst Balladen, in denen er auf schottische Motive zurückgriff („Archibald Douglas").

Wer war's?

In den folgenden Texten erzählen Ehefrauen, Mütter, Schwestern von „ihren" Männern. Diese waren allesamt bedeutende Dichter des Realismus. Doch wer verbirgt sich hinter diesen sehr privaten Biografien?

Ich war 18, als er Constanze heiratete. Zwei Jahre lang führten wir eine Ehe zu dritt. Dann hielt ich das Gerede über den „Herrn Rechtsanwalt und seine zwei Frauen" in unserer Kleinstadt nicht mehr aus. Aber als er 19 Jahre später Witwer wurde, kehrte ich zu ihm zurück. Es war auch Constanzes Wunsch gewesen, dass ich mich um ihre sieben Kinder kümmern sollte.
Wir heirateten 1866, gleich nach Ende des Trauerjahres. Doch die neue Rolle fiel mir nicht leicht. Besser wurde es erst, als unsere gemeinsame Tochter geboren wurde.
Nur wenige Jahre später machte er – natürlich dichterisch überhöht – eine Novelle daraus. Er gab ihr den Titel „Viola tricolor". Das ist der botanische Name für das Stiefmütterchen. Ein schönes Wortspiel – finde ich.

Als Kinder einer schon über 200 Jahre bestehenden Patrizierfamilie wuchsen mein Bruder und ich in einem sehr konservativen, streng christlich-pietistischen Haushalt auf. Mein Bruder schwankte zwischen einer Dichter- oder Gelehrtenlaufbahn, beschäftigte sich eingehendst mit der Geschichte unseres Landes und auch der Kunst, besonders der Renaissance. Ich erinnere mich gern unserer Reisen, als ich noch seine Sekretärin und engste Ansprechpartnerin war. Die Ehe, die mein Bruder dann im Alter von 50 einging, setzte unserer jahrzehntelangen Zusammenarbeit ein klares Ende. Ich entschied mich für eine karitative Tätigkeit in einer Gebets- und Heilanstalt, während für meinen Bruder literarisch äußerst produktive Jahre folgten, die mit dem endgültigen Durchbruch einer in der Familie liegenden psychischen Krankheit ab 1892 endeten.

RÄTSELHAFTES

Als wir uns das erste Mal trafen, war er fünfzehn und ich zehn Jahre alt, verlobt haben wir uns zehn Jahre später. Hauptsächlich aus finanziellen Gründen hat sich unsere Verlobungszeit lange hingezogen, denn beide galten wir nicht gerade als gute Partie. Als 1850 endlich geheiratet wurde, weil mein Mann seine erste Festanstellung gefunden hatte, hieß das noch lange nicht, dass unsere finanziellen Engpässe nun überwunden waren. Viele verschiedene Tätigkeiten, die ihn auch ins Ausland führten, nahm mein Mann an und immer wieder bot seine unsichere berufliche Situation Stoff für Konflikte zu Hause. Selbst wenn die finanziellen Unsicherheiten auch nach 25 Ehejahren noch Grund zu Streitigkeiten lieferten, bin ich natürlich stolz, dass mein Mann letztlich doch noch mit Ruhm und Ehrungen für seine Arbeiten belohnt wurde.

Mein Mann verstarb früh und ließ mich mit einem kleinen Sohn und einer Tochter zurück. Besonders um meinen Sohn musste ich mich lange Zeit sehr sorgen. Als Kind eher träumerisch veranlagt, wurde er bald als Randalierer gebrandmarkt und flog von der eben gegründeten Oberrealschule, von der wir uns alle sehr viel für ihn als unseren späteren Ernährer erhofft hatten. Doch ließ er sich gegen meinen ausdrücklichen Widerstand sein großmütterliches Erbe auszahlen, nahm teure Malstunden, verkehrte in Künstlerkreisen, was oft in Saufereien und Prügeleien ausartete, und nahm wachsenden Anteil an der Demokratiebewegung, die ihn zum lyrischen Arbeiten inspirierte. Hier gelang ihm bald ein kleiner Durchbruch, weniger Glück hatte er mit den Frauen und der Malerei. Auch die Fertigstellung seines ersten Romans dauerte Jahre, die er fern von zu Hause und in großer materieller Not verbrachte. Seine Rückkehr wurde schließlich mit einem ordentlichen bürgerlichen Posten in der Verwaltung belohnt.

Tragen Sie hier die Namen der gesuchten Dichter ein. Die Zahlen unter den Buchstaben helfen Ihnen, den Namen eines berühmten englischen Realisten zu finden.

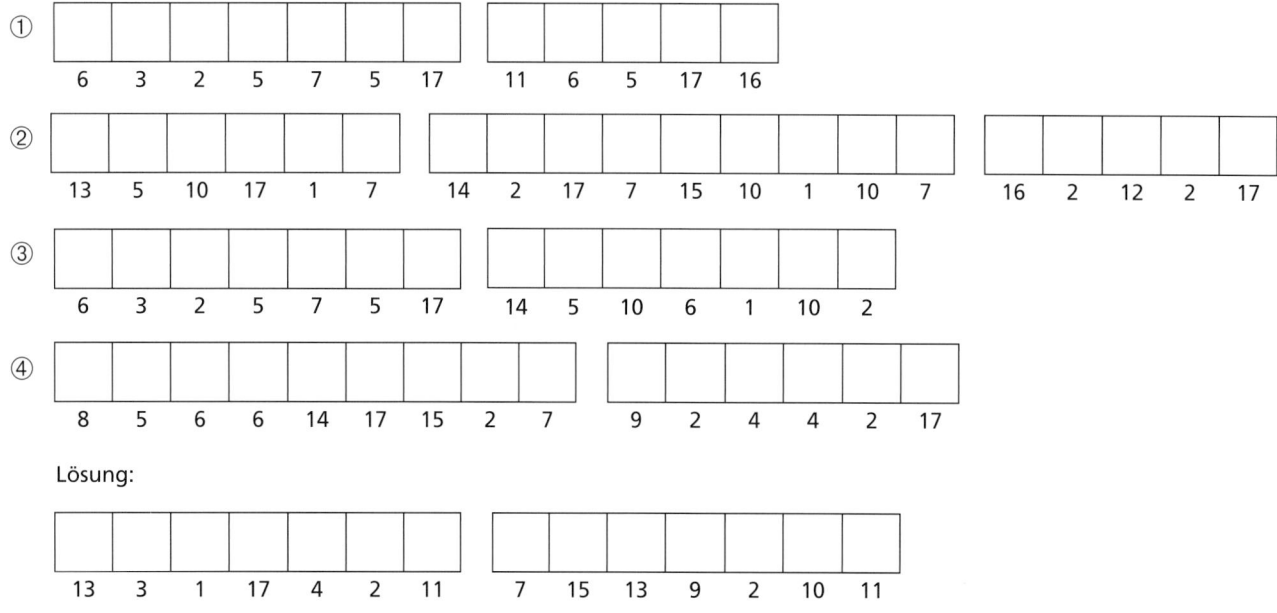

Lösung:

Verzeichnisse

BILDQUELLENVERZEICHNIS

S. 7   Artothek, Peissenberg
S. 9   Bildarchiv Preußischer Kulturbesitz, Berlin
S. 10 Archiv für Kunst und Geschichte (künftig AKG) Berlin
S. 11 aus: Karl Hoppe: Wilhelm Raabe als Zeichner. Vandenhoeck & Ruprecht, Göttingen, 1960
S. 12 AKG Berlin
S. 13 Gottfried Keller: Ullstein Bilderdienst, Berlin; Kellers Schreibunterlage: Zentralbibliothek, Zürich
S. 15 Theodor Storm: Theodor-Storm-Gesellschaft, Husum; Claude Monet: Artothek, Peissenberg
S. 17 Corel Bilddatenbank
S. 18 AKG Berlin
S. 20 AKG Berlin
S. 21 Bildarchiv Preußischer Kulturbesitz, Berlin
S. 26 Ullstein Bilderdienst, Berlin
S. 40 AKG Berlin
S. 41/47   AKG Berlin
S. 48 Hamburger Kunsthalle, Elke Walford, Hamburg
S. 49 Bildarchiv Preußischer Kulturbesitz, Berlin
S. 50 Ansprache an Generäle: AKG Berlin; Bildergalerie: Bildarchiv Preußischer Kulturbesitz, Berlin; Fabrikbesuch: AKG Berlin
S. 51 AKG Berlin
S 52   AKG Berlin
S. 53 Menzel Fotografie: AKG Berlin; Menzel Karikatur: Verein Berliner Künstler
S. 54 AKG Berlin
S. 55 Hamburger Kunsthalle, Elke Walford, Hamburg
S. 58 Ullstein Bilderdienst, Berlin
S. 59 AKG Berlin
S. 60 Artothek, Peissenberg
S. 66 AKG Berlin
S. 73 Corel Bilddatenbank
S. 74 Artothek, Peissenberg
S. 78 AKG Berlin
S. 79 Skip Langkafel, Berlin
S. 80 AKG Berlin
S. 81 AKG Berlin
S. 85 Dorothea Storm: Theodor-Storm-Gesellschaft, Husum; Betsy Meyer: Zentralbibliothek, Zürich
S. 86 Emilie Fontane: Ullstein Bilderdienst, Berlin; Kellers Mutter und Schwester: Zentralbibliothek, Zürich

TEXTQUELLENVERZEICHNIS

S. 5   Spiller von Hauenschild, Richard G., zitiert nach: Stadler, Hermann: Texte und Methoden 2. Lehr- und Arbeitsbuch Oberstufe, Cornelsen, Berlin 1995, S. 261
S. 8   Schmidt, Julian: Die Verwirrung der Romantik und die Dorfgeschichten Auerbachs. Zitiert nach: Plumpe, Gerhard (Hg.): Theorie des bürgerlichen Realismus. Eine Textsammlung. Reclam, Stuttgart 1985 (RUB 8277), S. 106
S. 8   Freytag, Gustav. Zitiert nach: Bark, Joachim: Biedermeier – Vormärz / Bürgerlicher Realismus. Klett Verlag, Stuttgart 1984, S. 96
S. 8   Freytag, Gustav: Soll und Haben. Droemer Verlag, München 1953
S. 11 Raabe, Wilhelm: Die Chronik der Sperlingsgasse. Insel Verlag, Frankfurt a. M. 1979, S. 75–77
S. 12 Aphorismus Raabes: Zitiert nach: Grimm, Gunter E., und Max, Frank Rainer: Deutsche Dichter. Leben und Werk deutschsprachiger Autoren. Realismus, Naturalismus und Jugendstil. Reclam, Stuttgart 1993 (RUB 8616), S. 205
S. 13 Kellers Brief vom 3.5.1850 an Eduard Vieweg. Zitiert nach: Mettenleiter, Peter, und Knöbl, Stephan (Hg.): Blickfeld Deutsch. Oberstufe. Schöningh, Paderborn 1991, S. 294
S. 14 Keller, Gottfried: Die missbrauchten Liebesbriefe. In: Sämtliche Werke in sieben Bänden. Hrsg. von Böning, Thomas; Kaiser, Gerhard; Müller, Dominik, u. a. Deutscher Klassiker Verlag, Frankfurt a. M. 1985–1996, Band IV, S. 373 ff.
S. 15 Storm, Theodor: Juli. In: Sämtliche Werke in vier Bänden. Hrsg. von Laage, Karl Ernst, und Lohmeier, Dieter. Deutscher Klassiker Verlag, Frankfurt a. M. 1987, Band I, S. 50
S. 16 Storm, Theodor: Über Lyrik. Zitiert nach: Plumpe, a. a. O., S. 298 ff.
S. 17 Storm, Theodor: Meeresstrand. In: Sämtliche Werke, a. a. O., Band I, S. 14 f.
S. 18 Meyer, Conrad Ferdinand: Der römische Brunnen; Der Brunnen; Rom: Springquell. In: Sämtliche Werke. Winkler, München 1978, Bd. II
S. 20 Statuten des „Tunnels" aus Otto Drude: Theodor Fontane. Leben und Werk. Insel, Frankfurt a. M. und Leipzig 1994, S. 29
S. 21 Fontane, Theodor: Die Brück' am Tay. In: Echtermeyer, von Wiese: Deutsche Gedichte. Von den Anfängen bis zur Gegenwart, Cornelsen, Berlin [18]1993, S. 508 ff.
S. 23 Fontane, Theodor: Unsere lyrische und epische Poesie seit 1848. In: Sämtliche Werke, a. a. O., Bd. III, 1; S. 236 ff. (gekürzt)
S. 26 Fontane, Theodor: Effi Briest. In: Sämtliche Werke, a. a. O., Bd. IV, S. 7 ff.
S. 38 Fontane, Theodor: Brief an Colmar Grünhagen vom 10.10.1895. In: Fontanes Briefe in zwei Bänden. Ausgew. u. erl. von Gotthard Erler. Aufbau Verlag, Berlin u. Weimar 1969, Bd. II, S. 382
S. 38 Fontane, Theodor: Brief an Clara Kühnast vom 27.10.1895. ebenda, S. 383 f.
S. 38 Mann, Thomas: Anzeige eines Fontane-Buches. In: Thomas Mann: Das essayistische Werk. Fischer Verlag, Frankfurt a. M. 1968, Bd. I, S. 106
S. 39 Lukács, Georg: Werke. Deutsche Literatur in zwei Jahrhunderten. Luchterhand, Neuwied und Berlin 1964, Bd. VII, S. 494 ff. © 1986 Hermann Luchterhand Verlag GmbH & Co. KG, Neuwied und Berlin. Alle Rechte vorbehalten Luchterhand Literaturverlag GmbH, München
S. 41 Mannert, Konrad: Die Geschichte Bayerns. Bd. 1. Leipzig 1826. Zitiert nach: Pörnbacher, Karl (Hg.): Friedrich Hebbel, Agnes Bernauer. Reclam, Stuttgart 1974, S. 53
S. 42 Hebbel, Friedrich: Werke. Hrsg. von Fricke, Gerhard; Keller, Werner, und Pörnbacher, Karl. Carl Hanser Verlag, München 1963, Bd. I, S. 735 ff.
S. 46 Agnes Bernauerin, zitiert nach Pörnbacher (Hg.), a. a. O., S. 56 ff.
S. 47 Hebbel, Friedrich: Mein Wort über das Drama. In: Werke, Bd. III, a. a. O., S. 545 f.
S. 47 Gervinius, Georg Gottfried: Brief vom 26.12.1852. In: Friedrich Hebbels Briefwechsel mit Freunden und berühmten Zeitgenossen. Berlin 1890, Bd. I, zitiert nach Pörnbacher, a. a. O., S. 98 f.
S. 48 Fontane, Theodor: Ja, wer ist Menzel? Zitiert nach Reuter, Hans-Heinrich: Fontane. Zwei Bände. München 1968, Bd. II, S. 778
S. 54 Kolloff, Eduard: Der Detailrealismus der ersten Fotografien. Auszug aus: Der Daguerr[e]otyp. In: Kunst-Blatt 33 (1839), S. 305 f.
S. 54 fSammlung fotografischer Bilder à papier nach der Natur. Von Conra Bette. In: Deutsches Kunstblatt 7 (1856), S. 298 f.
S. 56 Andersen, Hans Christian. Zitiert nach Plumpe (Hg.), a.a.O., S. 58
S. 56 Gutzkow, Karl: Der Roman und die Arbeit. In: Unterhaltungen am häuslichen Herd 3 (1855), S. 702 f.

S. 56 Storm, Theodor: Brief an Erich Schmidt vom 14.4.1877. In: Theodor Storm – Erich Schmidt Briefwechsel. Hrsg. von Laage, Karl Ernst. Schmidt, Berlin 1972, S. 40

S. 56 Fontane, Theodor: Brief an Emilie Fontane vom 24.6.1881. In: Theodor Fontane Briefe. Hrsg. von K. Schreinert. Propyläen Verlag, Berlin 1968, Bd. I, S. 154

S. 60 Scheffler, Karl: Der junge Tobias, 1927

S. 63 Raabe, Wilhelm: Pfisters Mühle. Insel Verlag, Frankfurt a. M. 1985, S. 94 ff.

S. 66 Fontane, Theodor: Effi Briest, a. a. O.

S. 67 ebenda

S. 67 Milde, Caroline S. J.: Der deutschen Jungfrau Wesen und Wirken, 1872. Zitiert nach: Beintmann, Cord: Theodor Fontane. dtv, München 1998, S. 115

S. 68 Lütte, Isa von der: Die elegante Hausfrau. Mitteilungen für junge Hauswesen. Mit besonderen Winken für Offiziersfrauen. Deutsche Verlags-Anstalt, Stuttgart 1892, S. XIII–XVI

S. 69 Mothes, Oskar: Unser Heim im Schmuck der Kunst. Zitiert nach: Bucher, Max, u. a. (Hg.): Realismus und Gründerzeit, Manifeste und Dokumente zur deutschen Literatur 1848–1880. J. B. Metzlersche Verlagsbuchhandlung, Stuttgart 1976, Bd. I, Erläuterungen und Abbildungen, Nr. 13

S. 70 Schopenhauer, Arthur: Über die Weiber. In: Parerga und Paralipomena. Sämtliche Werke. Frankfurt a. M., o. J., Bd. V, S. 728 ff.

S. 71 Lewald, Fanny: Für und wider die Frauen, 1870. Zitiert nach Beintmann, a. a. O., S. 113

S. 71 Dohm, Hedwig: Ob Frauen studieren dürfen, können, sollen? Zitiert nach Frederiksen, Elke (Hg.): Die Frauenfrage in Deutschland 1865–1915. Texte und Dokumente. Reclam, Stuttgart 1981, S. 242 f.

S. 75 fBriefwechsel zwischen Wilhelm Jordan und Kommerzienrätin Agnes S. In: Archiv für Buchhändler 1 (1868), S. 148 f. Zitiert nach: Manifeste und Dokumente der deutschen Literatur 1848–1880, a. a. O., Bd. II, S. 618 ff.

S. 77 Prachtwerke. In: Magazin für den deutschen Buchhandel. Hrsg. von A. Schürmann, 1 (1874), Heft 2, S. 32

S. 78 Werbetext für Schillerausgabe. Anzeige in: Augsburger Allgemeine Zeitung vom 15. Januar 1864. Zitiert nach: Manifeste und Dokumente der deutschen Literatur 1848–1880, a. a. O., Bd. I, S. 183

S. 81 Fontane, Theodor: Brief an seine Frau vom 15.6.1876. In: Briefe. Hrsg. von Schreinert, Kurt. Berlin 1968, Bd. I, S. 110 f.

S. 82 Wildermuth, Ottilie: Brief an Justinus Kerner vom 28.1.1857. Zitiert nach: Manifeste und Dokumente der deutschen Literatur 1848–1880, a. a. O., Bd. II, S. 204 f.

S. 82 Veröffentlichungsangebote. In: Der literarische Verkehr. Organ für die Interessen der deutschen Schriftstellerwelt (1872), S. 4 ff. Zitiert nach: Manifeste und Dokumente der deutschen Literatur 1848–1880, a. a. O., Bd. II, S. 621

LÖSUNGSHINWEISE

Der Aufstieg des Bürgertums (S. 58)

August Borsig, der bereits 1854 im Alter von 50 Jahren starb, wurde bald zur legendären Figur des bürgerlichen Unternehmertums schlechthin, die Geschichte vom Wachstum seines Betriebes eine Erfolgsstory. Die stete Erweiterung der Produktion und die Verdichtung der Industrieanlagen hatten eine starke Konzentration von Fabrik-, Verwaltungs- und Lagerbauten auf dem zur Verfügung stehenden Werksgelände zur Folge. Meist in unmittelbarer Nähe der großen Industrieanlagen lagen nicht nur die schlechteren Arbeiter, sondern auch die neuen Villen der frischgebackenen Fabrikbesitzer. Ihr Stolz auf die eigenen Errungenschaften kommt in den zahlreichen Auftragsarbeiten, die anlässlich von Gründungen und Jubiläen von Firmen vergeben werden, zum Ausdruck.

Anders als Menzels „Industrieporträt", das ohne Verklärung das Eisenwalzwerk in seinen Widersprüchlichkeiten abbildet, kämmert Paul Meyerheim die Spannung zwischen sozialer Wirklichkeit und Fortschrittsgläubigkeit aus. Meyerheim, ein guter Freund Menzels, hatte von Albert Borsig, dem Sohn des Erbauers der ersten Lokomotive, den Auftrag erhalten, die Geschichte der Lokomotive für die Villa Borsig in Berlin-Moabit zu gestalten. Auf sechs riesigen Kupfer gemalten Bildern, die um ein Familienporträt gruppiert werden sollten, wurden die einzelnen Etappen der Fertigung nicht allegorisch, sondern vordergründig realistisch gestaltet: „Förderschacht im Erzbergbau", „Schmieden eines vorgewalzten Lokomotivrades", „Aufbau einer Lokomotive", „Verladung der fertigen Lokomotive im Hafen" und „Begegnung von Lokomo-

tive und Postkutsche" lauteten die Titel. In seinem Auftragsgemälde „Maschinenfabrik" stellt Meyerheim auch die Darstellung von Arbeit und Produktivität in den Mittelpunkt. Die Arbeit der kräftigen, die Schmiedehämmer schwingenden Männer soll durch ihr Pferdetrauskostüm auch als human präsentiert werden. Zentraler jedoch ist die Stilisierung der Technik, die den Fortschritt symbolisiert (das Rad) und verklärt wird durch die Lichtbalken, die in die hohe Fabrikhalle fallen und den Dampf malerisch beleuchten. Der halbrunde Abschluss des Hochformatgemäldes, unterstützt durch die Beleuchtung, erinnert an ein Altarbild. Der gusseiserne Rahmen verbindet Technik mit Kunst und macht diese repräsentativ und salonfähig.

Gustave Caillebotte (1848–1894) beschäftigt sich wie Menzel mit Stadtansichten und Szenen aus dem Alltagsleben, wie sein realistisches Gemälde der Parkettabschleifer (Originaltitel: „Le raboteurs de parquet") von 1875 belegt. Auf der zweiten Ausstellung der Impressionisten, 1876, fand die ungewöhnliche Diagonalperspektive Bewunderung, der „niedere" Gegenstand jedoch Kritik. Bezeichnenderweise handelt es sich um die Darstellung handwerklicher Arbeit, die in einer typisch bürgerlichen Sphäre angesiedelt ist, nämlich in der neuen, repräsentativen Wohnung.

Der Textauszug aus Scheffers Roman „Der junge Tobias" zeigt den zeittypischen Aufstieg eines ambitionierten jungen Malermeisters, der quasi zweifach vom wirtschaftlichen Aufschwung profitiert: Zum einen kann er sich selbst zum Betriebsinhaber und damit Mitglied des neu entstehenden Industriebürgertums hocharbeiten, zum anderen florieren sein Geschäft, das von dem wachsenden Repräsentationsbedürfnis der bürgerlichen Schichten getragen wird (S. 60 ff.).

Die Folgen der massiv vorangetriebenen Gründungen für Mensch und Umwelt wurden allgemein mit dem Fortschritt und der Kauf genommen. Letztendlich bestimmt auch diese für die Zeit typische Grundeinstellung den Umgang mit den Wassermeswerten in Raabes Erzählung „Pfisters Mühle" (S. 63 f.).

„Weiber weiblich, Männer männlich" (S. 65)

Baron von Briests Ausspruch macht das Vorhandensein von eindeutigen Rollenzuschreibungen für die beiden Geschlechter deutlich, wobei gerade der bürgerlichen Frau ausschließlich die häusliche Sphäre zugewiesen wird. Wie klar und eng definiert dieser Bewegungsspielraum letztlich ist, gewiesen wird. „Wesen" hätten, deuten sich zur Begründung der Zuständigkeitszuschreibungen in den Ausführungen zur Ausstattung eines Daumennehmers an und bilden in Schopenhauers Text die Grundlage seiner Beschreibung der gesellschaftlichen Stellung der Frau (S. 70). Gegen solch konservative Ansichten, die besonders im Adel und im höheren Bürgertum verwurzelt waren, wandte sich in der zweiten Hälfte des 19. Jahrhunderts, auch gefördert durch sozialistische Ideen, die Frauenbewegung, die auch von einigen fortschrittlich denkenden Männern unterstützt wurde. (So äußert sich Th. Fontane, wenn auch nicht öffentlich, vermutlich um 1884, recht dezidiert zu Schopenhauers Texten: „Das ganze Kapitel ‚Über die Weiber" zählt zu dem Schwächsten, was man sich denken kann; es ist das Gequackel eines eigensinnigen, vorurteilsvollen, persönlich vergrätzten alten Herrn." In: Theodor Fontane: Unveröffentlichte Aufzeichnungen und Briefe, Hrsg. von Reuter, Hans-Heinrich. In: Sinn und Form 13/1961, S. 711.).

Das literarische Umfeld (S. 73)

Die weite Gesellschaftskreise beherrschende Tendenz, sich auf Wohlstand und Wohlleben zu konzentrieren, veränderte auch die literarische Marktlandschaft, die nun stärker denn je durch die absolut gesetzten Gesetze einer freien Marktwirtschaft bestimmt wurde. Die Nachfrage diktierte das Angebot und förderte das Entstehen von einer Unzahl von Zeitschriften, die sich bemühten, den Leserinteressen ihrer verschiedenen Zielgruppen gerecht zu werden. Neben dem Hunger nach Informationen und Unterhaltung, für den das neue Medium Zeitschrift zuständig war, stillten teure, aufwändig gestaltete Ausgaben von Werken, deren Autoren als klassisch galten, das Bedürfnis nach Repräsentation.

Wer war's? (S. 85)

1. Theodor Storm
2. Conrad Ferdinand Meyer
3. Theodor Fontane
4. Gottfried Keller

Lösung: Charles Dickens

8

Der Augenzeuge Menzel (S. 49)

Der junge Menzel machte sich mit seinen Illustrationen zu Franz Kuglers Bänden zur Geschichte und den Werken Friedrichs des Großen (1839–1849) einen Namen. Als Kenner der Berliner Nachwuchsszene hatte Kugler Menzel vorgeschlagen und beschienigte ihm bald „Reichtum der Phantasie, eine Sicherheit in allen Elementen der körperlichen Darstellung, eine gründliche wissenschaftliche (namentlich historische) Bildung, eine belebende poetische Kraft, wie alles dieses vereinigt nur selten gefunden werden dürfte" (3.4./6.9.1840. Zitiert nach: Riemann-Reyher, Marie U.: Der Zeichner – Meister des Augenblicks, S. 445–456. In: Keisch, Claude, und Riemann-Reyher, Marie U. (Hg.), Menzel. Im Labyrinth der Wirklichkeit, S. 455. © 1996 Nationalgalerie und Kupferstichkabinett Staatliche Museen zu Berlin – Preußischer Kulturbesitz). Der Auftrag bestimmt für fast 30 Jahre einen wichtigen Teil von Menzels Schaffen: Mit ganzer Kraft taucht Menzel ein in Leben und Werk Friedrichs des Großen und bemüht sich um eine von den eigenen Zeitgenossen als authentisch empfundene Darstellung, die neben den Siegen auch die Niederlagen und die Schrecken des Krieges, die Reformen neben Szenen aus seinem privaten Leben zeigen. Diese Vorgehensweise, die auch Kuglers Text charakterisiert, wurde als wirklichkeitsnah gelobt, da kein idealisierendes Heldentum vorgeführt wird, sondern der Held etwa in Dantes Totenmaske) und zahlreichen namenlosen Köpfen und Tierschädeln im Gemälde weisen auf ein Verwirrspiel von Grenzen, hier zwischen Anonymität und Zelebrität. Das Nebeneinander wirkt jedoch nicht gleichgültig, sondern entspricht Menzels Grundidee der Mehrsinnigkeit von Wirklichkeit. Er scheint der Kunst die Abhängigkeit von idealen Leitbildern zu entziehen und den Künstler zur unmittelbaren Anschauung zu verpflichten. Das Arrangement der Requisiten wie auch Fontanes Gedicht feiern nicht unvergängliche Werte, sondern „normalisieren" diese eher.

Vom Historischen zum zeitgenössischen Alltag (S. 51)

Das Gemälde „Das Eisenwalzwerk (Moderne Cyklopen)", wie die in der gleichen Phase entstandene „Atelierwand" zu den inoffiziellen Bildern ohne direkten Auftrag gehörend, markiert den Übergang zum Spätwerk Menzels, das fast ausschließlich Themen der Gegenwart gewidmet ist. Der Nebentitel nimmt Bezug auf den altitalienischen Gott Vulkanus, der zusammen mit seinen Gehilfen, den Cyklopen, als Gott des Feuers und der Schmiedekünste gilt. Kaum gelangte das „Eisenwalzwerk" an die Öffentlichkeit, wurde es bald von der gerade eröffneten Nationalgalerie erworben und war wohl das aufregendste Gegenwartsbild in diesem „Tempel der Kunst". Auch dieses Gemälde ist durch die Simultaneität verschiedener Prozesse und Abläufe charakterisiert. In seiner präzisen Darstellung veranschaulicht Menzel die unterschiedlichen Arbeitsgänge der hochmodernen Walzstraße und zeigt gleichzeitig sich waschende wie auch pausierende Arbeiter, wieder ein Ganzes, aus verschiedenen Teilen bestehend, hier nun sehr anschaulich die industrielle Arbeitsteilung als Inbegriff des modernen Lebens. Der Künstler wird hier zum gewissenhaften Beobachter dieser Vorgänge – wie auch bei vielen anderen Werken gibt es unzählige Skizzen und Vorstudien für das „Eisenwalzwerk". Menzel, der sich wochenlang im schlesischen Königshütte aufgehalten hatte, ging es nicht um eine verherrlichende Ansicht des Mammutunternehmens, das im Schichtbetrieb Roheisen, Rohzink und Stahl für den Eisenbahnbau produzierte. Über 40 Menschen sind auf dem Gemälde zu erkennen, die jedoch als Teil der alles beherrschenden Maschinerie wirken, der sie ihre eigenen Elementarbedürfnisse wie Essen und Schlafen unterordnen müssen. Bei

Die Korrektheit der Linien (S. 54)

Zunächst begann die Fotografie als Motivquelle in die Malerei zu treten, bevor sie auch in ihrer gesamten Sichtweise Einfluss auf die Malerei nimmt. Weniger die Wahl lebensnaher, alltäglicher Themen als vielmehr das Betonen der Ausschnitthaftigkeit und des Momentcharakters erscheinen, besonders rückblickend, als typisch fotografische Mittel. Gerade die Überschneidungen und die mangelnde Ausgestaltung des Tiefenraums vieler Gemälde, die in der zweiten Hälfte des 19. Jahrhunderts entstehen, wären für in der akademischen Tradition arbeitende Künstler undenkbar gewesen.

Die frühen Quellen jedoch betonen noch den Hilfscharakter der Fotografie, die als rein mechanische „Kopien" (1. Text, S. 54) der Wirklichkeit gesehen werden und als „fotografische Zeichnungen" (2. Text, S. 54) als Erinnerungsstütze an die Stelle zeitaufwändiger Skizzen treten können. So nutzt auch Menzel die fotografische Vorlage als „Hülfsmittel" (S. 55, Z. 13) bzw. Ausgangspunkt, jedoch schon als direkte Unterlage für eigene, weiterführende Skizzenentwürfe zu benutzen, die die abgebildeten Pistolen aus ihrer Zweidimensionalität herausholen. Menzel präzisiert die Gegenstände im Detail genauer als die Fotografie, er löst durch unterschiedliche Blickwinkel die Einsicht und verbessert die Fotografie in

aller Authentizität stellt das Bild keine unbeteiligte Reportage dar, sondern ist durch eine menschliche Dimension, einen teilnehmenden Realismus charakterisiert.

Auch das Gemälde, dem Menzel den lakonisch-saloppen Titel „Die Linden Berlins am Nachmittag des 31. Juli 1870" gab und das umbenannt wurde in „Abreise König Wilhelms I. zur Armee", inszeniert den historisch bedeutsamen Moment zu Beginn des Deutsch-Französischen Krieges als unwillkürliche Momentaufnahme. Es verzichtet auf eine demonstrative Zentralität der königlichen Präsenz und konzentriert sich auf die Erscheinungsform historischer Größe in ihrer vermeintlich zufälligen Alltäglichkeit. Gerade durch das Fehlen eines dramatischen Höhepunktes gelingt es Menzel, im Kunstwerk die Illusion von Wirklichkeit zu gestalten, die dem Betrachter das Gefühl vermittelt, selbst an der dargestellten Szene beteiligt zu sein. Menzels eigener Titel betont den Aspekt „Stadtporträt", der den eigentlichen Charakter und die Struktur des Bildes besser zu treffen scheint.

Die schlaff herabhängenden, um ihre Stangen gewickelten Fahnen (unter ihnen mahnend – auch die des Roten Kreuzes), das durch ein Taschentuch verdeckte Gesicht der Landesmutter, dann die Bürgerinnen und Bürger im Bildvordergrund mit dem Magistrat der Stadt (der backsteinerne Turm des neuerbauten Roten Rathauses) am Schnittpunkt der Blickachsen – kein Wunder, dass viele Zeitgenossen die patriotische Entschlossenheit vermissten. Menzels Hauptinteresse liegt bei den Menschen auf der Straße, die Spalier stehen, sich vor der vorbeifahrenden Kutsche verneigen, Zeitungen studieren ... Auf dem „Hineintragen des Großen in das Kleinleben", so Menzels Zeitgenosse und Tunnelbruder Fontane, liegt das Hauptaugenmerk.

Unzeitgemäße Tragik (S. 40)

Die Zeit des Realismus ist geprägt durch die Resignation des Bürgertums, in politischer Hinsicht etwas bewirken zu können. Bis 1815 hatte man in Freiwilligenarmeen gegen Napoleon gekämpft und danach darum Mitbestimmung in der Politik vergütet zu bekommen. Das Scheitern der Paulskirche führte zum Rückzug in den privaten Bereich. Aus den Vertretern für gemeinsame politische Interessen wurden so wieder Geschäftsleute, die sich lediglich dem Aufschwung ihrer eigenen Wirtschaft kümmerten.

Die Ankläger (S. 41)

Genau in dieser Phase bringt Hebbel ein Theaterstück auf die Bühne, das den Interessenkonflikt zwischen dem Einzelnen und dem Interesse des Staates thematisiert. Er zeigt, dass die Ehe zwischen Agnes Bernauer und Herzog Albrecht eben nicht, wie sie beide meinen, ihre private Angelegenheit ist. Albrecht kann nicht wählen, ob er den Thron besteigen oder bei Agnes bleiben will. Sein Thronverzicht würde unweigerlich zum Krieg führen. Deshalb zwingt sein Vater ihn, sich seiner Verantwortung als Regent zu stellen, indem er Agnes zum Tode verurteilen lässt. Dabei hat er nichts gegen Agnes Person, sieht aber keine Möglichkeit, ihr das Leben zu lassen, da beide einer Scheidung nicht zustimmen würden. Auf Preisings Vorschlag, Agnes entführen und für tot erklären zu lassen, geht er nicht ein. Seinen Sohn erneut verheiraten, während seine rechtmäßige Ehefrau noch lebt, hält er für eine größere Sünde. Im vorliegenden Dramenauszug werden im Gespräch zwischen Herzog Ernst und seinem Kanzler Preising die gesamte Situation und die Konsequenzen bestimmter Entscheidungen explizit dargelegt, sodass Ernsts abschließende Unterschrift unter das Todesurteil wohl abgewogen und hiebund stichfest erscheint. Herzog Ernsts Fragen zu Beginn zielen auf die Absicherung der Rechtmäßigkeit seines Verhaltens ab (S. 42, Z. 6, Z. 12 f.; Z. 15 f.), während Preising angestrengt nach Auswegen sucht (S. 42, Z. 39; S. 43, Z. 58 f.; Z. 61 f.; Z. 67 f.) und vor den Folgen der Tat warnt (S. 43, Z. 73 f.).

Die ganze Unterredung muss natürlich als eine Art Scheindispur mit von Beginn an feststehendem Ausgang angesehen werden. Preisings Funktion ist entgegen den Beteuerungen des Herzogs nur noch eine Art „Endkontrolle", eine Gewissensberuhigung des Herzogs mit alphabetem Charakter. So sind denn die Fragen Ernsts von vornherein nicht als offene Fragen angelegt, sondern haben stark suggestiven Charakter: „Habt ihr etwas gegen die Männer einzuwenden, die das Gutachten abgaben [...]?" (S. 42, Z. 2 f.). Das Prozedere selbst wird nicht in Frage gestellt, so scheint es alles andere als selbstverständlich, dass ein derartiges „Gutachten" überhaupt in Auftrag gegeben wird, und es ist äußerst fraglich, ob die Richter anders entscheiden konnten als im Sinne ihres Herrn – selbst wenn sie nicht bestechlich dargestellt werden. Und weiter: Der Herzog fragt nur nach der Möglichkeit, ob „man" sein Verhalten aus rechtlich-staatspolitischer Sicht tadeln könne. Die Verwendung des Indefinitpronomens „man" zeigt die Rich-

tung seiner Erwägungen. Es geht ihm um die öffentliche Meinung einerseits und staatspolitisches Kalkül (den drohenden Bürgerkrieg) andererseits. Zwischen diese beiden Mühlsteine gerät Agnes Bernauer. Als dritte wichtige Komponente kommt im Verlauf des Gesprächs aber noch die religiöse hinzu, die paradoxerweise schließlich den endgültigen Ausschlag für das Todesurteil gibt. Zwar sagt der Herzog schon auf den ersten (ethisch-moralisch begründeten) Einwand Preisings, Gott habe gesprochen (vgl. Z. 37) und es sei sein Wille, dass alles so gekommen sei. Damit spielt er darauf an, dass der Neffe gestorben ist, und sieht dies als göttliche Fügung, als deren notwendige Konsequenz nun die Inthronisierung seines Sohnes und damit die Hinrichtung von Agnes folge. Al-

lein schon an dieser überaus verwinkelten Argumentationsweise wird deutlich, wie Herzog Ernst gegenüber Preising instrumentalisiert Argumentationen, als er sich zu Agnes begibt, die die Agnes handlungsmasse, als er sich zu Agnes begibt. Es stimmt also, was er zu Agnes Bernauer sagt: „Aber es ist doch entsetzlich, dass sie sterben soll, bloß weil sie schön und sittsam war" (S. 42, Z. 35 f.). Als Maitresse hätte sie der Staatsräson nicht im Wege gestanden. Preising, der das Leben von Agnes Bernauer erhalten will, muss mit seiner Argumentation scheitern, weil Herzog Ernst das Wohl des Staates über das Wohl des Einzelnen setzt. Albrechts Rücktritt von der Thronfolge, Agnes' „Zauberwort für die höchste Gefahr" (S. 45, Z. 59), kann den drohenden Bürgerkrieg nicht verhindern (vgl. S. 43, Z. 44–52). Preisings Vorschlag, Agnes solle die Ehe annullieren und ins Kloster gehen (S. 45, Z. 66 f.), stellt eine Lösung dar, muss jedoch bei Agnes auf absolute Ablehnung stoßen, da sie die tiefe gegenseitige Liebe zwischen Albrecht und ihr über alles stellt. Das Ehesakrament ist ihr so heilig (S. 45, Z. 54 f., wie letztlich auch Herzog Ernst, S. 43, Z. 64) – wobei in einem Falle die Frage durchaus offenbleibt, ob er es wirklich so meint, oder ob er auch dieses Ehesakrament als Vorwand einsetzt, seinen Entschluss zuführen und Agnes Bernauer der alles überstrahlenden Staatsräson zu opfern. Agnes dagegen bewertet ihre Liebe und die Unverletzlichkeit ihres Treueschwurs gegen Albrecht höher als ihr eigenes Leben. Am Schluss des Stückes kommt es zur Versöhnung zwischen Vater und Sohn. Damit wird die Position Herzog Ernsts, man habe seine persönlichen Interessen unter die des Staates zu stellen, anerkannt.

Auch wenn Hebbel Quellen wie die „Geschichte Bayerns" und ähnliche Chroniken systematisch konsultierte, um einem gewissen historischen Anspruch gerecht zu werden, ging es ihm um nicht mehr als lediglich die Rekapitulation geschichtlicher Ereignisse oder dynastischer Machtinteressen. Hebbel bediente sich gewisser Elemente des ge-

schichtlich-volkstümlichen Stoffes und motivierte das Geschehen aus seiner Sicht. Die einzelnen Figuren, insbesondere Agnes Bernauer und ihr Gegenspieler Herzog Ernst, bekommen beschreibende, rationalisierende Passagen zugewiesen, die die Handlung bzw. ihr Handeln erklären. Allerdings verweist der das Drama dominierende Gegensatz zwischen dem Tradierten und dem Neuen auf einen metaphysischen Konflikt, den der Ausgang des Dramas nicht aufzulösen vermag. So wie Herzog Ernst sich stets im Rahmen der Feudalordnung bewegt und rechtlich. Die Absicherung aus ist (in IV, 4), so konzentriert sich die Argumentation der Liebenden (Agnes Bernauer in V, 2) in ihrem Beharren auf Einlösung eines individuellen Glücks und die Gefühlswelt. Das Unrechtmäßige an Agnes' schrecklichem Tode bleibt trotz der Versöhnung zwischen Vater und Sohn als Faktum bestehen: eine Tatsache, die auch Gervinus in seinem Brief an Hebbel vom 26.12.1852 anspricht, wenn er seinem Unbehagen über den Sieg der „Notwendigkeit oder menschliche[n] Ordnung hier über die natürliche" (Z. 1 f.) in Hebbels Drama Ausdruck verleiht. Hebbels Schluss ist für die poetische Fehltritte, denn Poesie hat für ihn – als eine Ganzheit (vgl. Z. 5 f.) – auch die Funktion, der Realität ein positives Gegenbild entgegenzustellen. Sittliche Gerechtigkeit ist für ihn gleichbedeutend mit poetischer Gerechtigkeit, das heißt andersherum formuliert, dass auch Aufgabe der Kunst ist, Leitbilder zu erschaffen, Handlungsmaßstäbe zu setzen usw. Und genau dies scheint ihm bei Hebbels Schluss nicht gegeben, denn wenn sich der junge Herzog Albrecht am Schluss mit seinem Vater wieder aussöhnt, betont er damit die Oberherrschaft der Staatsräson über jegliche menschliche Regung, sodass Agnes' vormalige Liebe zu Agnes wird völlig abgewertet.

Das Lied von der Agnes Bernauerin (S. 46)

Im Volkslied werden nicht Aspekte wie Schuld, Recht und Staatsräson gegeneinander ausgespielt, sondern Agnes' Liebe und Treue zu Albrecht steht im Mittelpunkt. Herzog Ernsts früherer Tod wendet die Gefahr eines Bürgerkrieges oder (allzu willig) Rückbesinnung auf politische Interessen ab, sodass Albrecht sich ganz der Trauerarbeit widmen kann.

Das Labyrinth der Wirklichkeit (S. 48)

Adolph Menzels 70-jähriges Schaffen ist eng verflochten mit dem geistigen und historischen Umfeld seiner Zeit. Zeitgenossenschaft ist Programm wie auch Bekenntnis in seinem Werk. Die (Selbst-)Beschränkung des Malers und Zeichners Menzel auf die Wiedergabe von Wahrnehmungsinhalten, aus denen der Künstler seine Stoffe bezieht, machen Menzels Nähe zum Realismus deutlich. Konsequent weitergedacht führt diese Einstellung, die den spontanen Malakt fordert, weg von der Historien- und Gedankenmalerei und hin zum Impressionismus, als dessen Wegbereiter in Deutschland Menzel gilt. Anders als die Romantik, die den Gegenstand als ein über den konkreten Bildinhalt hinausweisendes Mittel nutzt, sucht Menzel durch Zeichnen und Malen nach Wegen, sich die Umwelt anzueignen, um mer wieder tauchen die Begriffe „Ganzes" und „Etwas" als Antipoden zu „Glück" auf, und zwischen diesen beiden Polen bewegt sich Innstetten in der Tat. Ironischerweise greift der Automatismus des gesellschaftlichen Räderwerks für Innstetten genau in dem Moment, in dem er aus einem Mitteilungsbedürfnis heraus mit den Kollegen und Freund Wüllersdorf einweiht in die Geschehnisse und in seinen Augen damit aus einer ganz privaten bereits eine öffentliche Angelegenheit geworden ist. Nicht die Person Effi, nicht seine eigenen Gefühle für sie, nicht Scheu vor dem Mord eines Menschen sind ausschlaggebend hinsichtlich der Entscheidung, sondern abstrakte Prinzipien, zumindest in Innstettens Augen, die Raum lassen für eine eigene, der Situation angepasste Lösungsfindung. Das Gespräch bietet eine nüchterne, unpathetische Abwägung der Kriterien – hellsichtig, was die gesellschaftlichen Zusammenhänge betrifft, ansonsten recht gefühlsarm. Wie wenig Raum eine solch rigide Auslegung der Regeln und Strukturen der Gesellschaftsordnung dem Einzelnen lässt, besonders jemandem wie Innstetten als oberstem „Sittenwärter", zeigt Effis Schicksal noch einmal verstärkt nach der Scheidung, aber gegen Ende des Romans wird selbst Innstetten Gefühle von Reue und verlorenem Lebensglück nach Effis Verstoßung artikulieren.

Doch seine prinzipiendominierte Grundeinstellung spricht noch einmal zu Effi beim langersehnten Besuch der Tochter bei der Gebetsstellung zieht Effi ihr Resümee. In dem Gefühlszustand, in dem Effi sich befindet, in Ehrenkult und Strebertei, denen sie nun die Tochter ausgeliefert sieht. Die Intensität ihres Ausbruchs korrespondiert mit ihrer ungewöhnlichen Stellung, die an eine Seelenbeichte erinnert. Sie bittet Gott um Vergebung der eigenen Vergehen, ohne diese kleinzumachen zu wollen. Gleichzeitig erkennt sie, dass die völlige Entfernung des Kindes nicht gott-, sondern menschengemacht ist: „Denn das hier, mit dem Kind, das bist nicht du, Gott, der mich strafen will, das ist er, bloß er." (S. 33, Z. 25 f.) Als Ehefrau und Tochter verstoßen, als Lehrerin oder Gesellschafterin wegen ihrer Scheidung ungeeignet, wird sie nun auch als Mutter disqualifiziert. Einen leeren Ehrbegriff und kleingeistige Grausamkeit wirft sie zunächst Innstetten, dann aber der Gesellschaft vor. Aus „er" wird ein sehr direktes „euch", aus dem Zwiegespräch mit Gott eine Verurteilung der zeitgenössischen Gesellschaft, die ihr keinen Platz – außer als aus dem Verkehr gezogene nervenleidende Patientin – mehr zugestehen kann. Ihre klare Absage „ ... ich will euch nicht mehr, ich hass euch ..." (S. 33, Z. 31) findet ihren Höhepunkt in der hingeschluderten Phrase „Weg mit euch!" (S. 33, Z. 37). Ihr letzter Satz (S. 33, Z. 37 f.) zeigt das Ausmaß ihrer Resignation und verdeutlicht ihre Wandlung von der fröhlichen, lebendigen Jugendlichen des Romananfangs hin zu der zerbrochenen, desillusionierten Frau des Romanendes.

Effis Leben wie auch der Roman als Ganzes menschlicher Mangel endarvt.

Ein zu weites Feld (S. 34)

Nach dieser höhepunktartigen Krise ist die Stimmung der letzten Kapitel versöhnlich und resigniert. Innstettens Einstellung zur absoluten Gültigkeit von gesellschaftlichen Regeln hat quasi-religiösen Charakter (von Wüllersdorf selbstkritisch „Götzendienst" genannt, S. 32, Z. 129 f.). Seine eigene Kraft, seine Liebe zu Effi reichen nicht aus, um dem Zirkel vermeintlich verbindlicher Konventionen auszubrechen. Doch ebenso wie Effi wird auch Innstetten differenziert gezeichnet. In einem weiteren Gespräch mit Wüllersdorf diskutieren beide Strategien zur Bewältigung eines Lebens ohne Freude. Akzeptieren der Gegebenheiten, Konzentration auf den Alltag und die kleinen Freuden, sind die Eckpfeiler der „Hilfskonstruktionen" (S. 35, Z. 31 ff.), ohne die das Leben nicht auszuhalten ist. Hier ist es Innstetten, der ausbrechen will und trostlos Leben hin zu den „pechschwarze(n) Kehren, die von Kultur und Ehre nichts wissen" (S. 35, Z. 2 f.). Der leicht ironische Unterton gerade der ziemlich irrational anmutenden Passage über Afrika unterstreicht, ebenso wie auch das klischeehafte, völlig undifferenzierte Bild einer afrikanischen Gesellschaft als kultur- und ehrlos, die fehlende Ernsthaftigkeit des „Plans". Der Bezug zu Afrika kann als Hinweis auf die historische Gegenwart des Romans verstanden werden, auf die koloniale Expansion des sich zur Weltmacht aufschwingenden Kaiserreichs. Stärker noch verdeutlicht dieser Textauszug aber Innstettens Einsicht in die eigene innere Leere und sein Wissen um den Glücksverlust zugunsten relativ abstrakter bleibender Normen („Krimskrams"... also bloßer Vorstellungen zuliebe." S. 35, Z. 3 f.). Aus dem „Kleinen und Kleinsten so viel herauszuschlagen wie möglich" (S. 35, Z. 19), das Konzentration auf Alltag und Routine ist das Einzige, was Wüllersdorf dem Freunde als Glücksersatz bieten kann.

Angesichts Fontanes äußerst subtiler Erzählkunst ist es sicherlich kein Zufall, wenn Effis Eltern, die in ihrer Entscheidung, die Todkranke wieder bei sich aufzunehmen, diesen Kreis durchbrechen, von „Gesetz und Gebot", „Katechismus und Moral" sprechen, wenn sie den „Anspruch der Gesellschaft" (S. 34, Z. 9–17) meinen. Herr von Briest hat genug davon, den „Großinquisitor" (S. 34, Z. 6) zu spielen – eine weitere Anspruch auf Kopfgesteuerte Prinzipienreiterei, Selbstherrlichkeit und Kleinmütigkeit. Den Eltern gelingt es, wenn auch mit dreijähriger Verspätung, sich auf die Tochter zuzubewegen, wohl wissend, dass dies gesellschaftliche Konsequenzen haben kann. Ihre Liebe zu Effi überwiegt am Ende. Und gerade diese bedingungslose, großzügige Liebe ist es, die Innstetten abgeht, wie Effi in ihrem letzten Gespräch mit der Mutter abschließend konstatiert. Sie macht ihren Frieden mit Innstetten und nimmt ihre früheren emotional geführten Worte gegen ihn zurück. Doch letztlich ist ihr abschließendes Verdikt: „der ohne rechte Liebe ist" (S. 36, Z. 20 f.), noch treffender, weil nicht sein Funktionieren im gesellschaftlichen Kontext, sondern seine Persönlichkeit selbst kritisiert wird. Das Verstecken hinter Prinzipien wird so von Effi als fehlende innerliche Größe, als menschlicher Mangel entlarvt. Effis Leben wie auch der Roman als Ganzes kutierbar.

Ob er indessen Effi durchweg unvoreingenommen sieht, ist angesichts ihrer zumindest anfangs so positiven Grundeinstellung zu Dingen wie gesellschaftlichem Rang und Ansehen, Ehre, Reichtum etc. durchaus diskutierbar. Zusammenhänge sichtbar werden lasse, „ihre positiv gemeinte – Durchschnittlichkeit" (Z. 19) sei es, die gesellschaftliche Werk die „ideelle Einheitlichkeit" und die digste Gestalt". Er lobt an ihr wie am ganzen Lukács nennt Effi „Fontanes liebenswürdigste Gestalt". Er lobt an ihr wie am ganzen Werk die „ideelle Einheitlichkeit" und die „künstlerische Vollendung" (Z. 30). Gerade unterdrückt, ohne dies wirklich zu merken. Der Mensch wird ge an seine Gesellschaft. Der Mensch wird schaftlichen Gegebenheiten nicht erkennen und durchschauen können, Fontanes Ankläge an seine Gesellschaft. Der Mensch wird unterdrückt, ohne dies wirklich zu merken. Lukács nennt Effi „Fontanes liebenswürdigste Gestalt". Er lobt an ihr wie am ganzen Werk die „ideelle Einheitlichkeit" und die „künstlerische Vollendung" (Z. 30). Gerade „ihre – positiv gemeinte – Durchschnittlichkeit" (Z. 19) sei es, die gesellschaftliche Zusammenhänge sichtbar werden lasse.

Ob er indessen Effi durchweg unvoreingenommen sieht, ist angesichts ihrer zumindest anfangs so positiven Grundeinstellung zu Dingen wie gesellschaftlichem Rang und Ansehen, Ehre, Reichtum etc. durchaus diskutierbar.

gehen unaufgeregt und ohne großes Pathos zu Ende. Am Ende steht wieder ein Gespräch, auch ein Zeichen dafür, welch hoher Stellenwert dem Dialog mit den anderen, dem gemeinsamen Abwägen letztlich doch zukommt. Damit endet der Roman mit der Betonung der sozialen Komponente, der Wichtigkeit von Partnerschaft und Miteinander sowie der Erkenntnis eines auch einschränkenden Eingebundenseins des Einzelnen in einen größeren sozialen Kontext. Wo genau sich das gesunde Mittelmaß für die jüngere Generation befindet, lässt der Roman und damit auch Fontane offen. Weder man und damit auch Fontane offen. Weder Innstetten noch Effi gelingt es, in einer Gesellschaft glücklich zu werden, Umgangsregeln verkrustet und der Gegenwart nicht mehr angemessen erscheinen. Beiden fehlt aber auch der Mut und die Vision, sich von dieser Gesellschaft zu scheiden, um zusammen oder jeder für sich einen Neuanfang zu wagen. So lässt auch das Gespräch der Eltern auf die Frage, warum alles so kommen musste, offen.

Vielleicht kann der unglaublichen Vielfalt des Lebens, den ewigen Zweideutigkeiten, den vielen Fragen, dem zu weiten Feld nur durch Selbstbeschränkung entgegengetreten werden – der Roman endet, der konkret Stellung bezogen zu haben. Das wenn auch äußerst subtile Hinterfragen einer bis dato „selbstverständlich-unangezweifelte(n) Basis" der eigenen „Ordnungswelt" (S. 38), das Thomas Mann beobachtet, deutet hin auf ein Krisenbewusstsein, ein Hinweis auf Fontanes Wissen um die Endlichkeit der historischen Epoche, in der er selbst lebte und in der auch der Roman angesiedelt ist.

Georg Lukács betrachtet das Werk unter sozialgeschichtlichem Aspekt. Er sieht es als Fontanes (unbewusste) Kritik am markschen Preußen-Deutschland" (Z. 20 u. 39), dessen „gesellschaftliche Moral [...] sich im privaten Alltagsleben auswirkt" (Z. 20). Und er konstatiert einen Widerspruch zwischen dem Versuch eines bzw. einer Einzelnen, ein unabhängiges, eigenständiges Leben zu führen und den gesellschaftlichen Normen, die keinerlei Ausbruch zulassen, sondern auf strikte Einhaltung „aller Formforderungen der Konvention" dringen (Z. 23 f.). Dies gelte, so Lukács, sowohl äußerlich als auch – noch effektiver sogar – in verinnerlichter Form (vgl. Z. 24 ff.). Auch Effi Briest lehnt sich nicht gegen die Konventionen auf, ja, sie nimmt die Unterdrückungsmechanismen nicht einmal als solche wahr (vgl. Z. 32 ff. u. 42 ff.), sondern zerbricht letztendlich daran (Z. 36 f.). Lukács verurteilt Effis fehlende Auflehnung jedoch nicht, sondern sieht gerade darin, dass die Personen ihre wahre Situation auf Grund der gesellschaftlichen Gegebenheiten nicht erkennen

Oberflächentatsachen liegen und nur durch die Hand eines begabten Künstlers sichtbar gemacht werden können. Diese Stilisierung der Wirklichkeit hat sich auch auf die soziale Sphäre zu beziehen, kruder Naturalismus in der Wiedergabe des Elends und der Schattenseiten des Lebens ist falsch verstandener Realismus, denn erst hinter den zufälligen Erscheinungen des Alltags liegt die eigentliche Wahrheit, die es letztendlich darzustellen gilt und der in ihrer Identität nachzustreben ist (TA 3; S. 23, Z. 25 ff.; S. 24, Z. 3–10). Konzentration auf die Welt der Sinne und Gedanken lehnt Fontane ebenso ab wie das ausschließlich Handgreifliche, denn Realismus in der Kunst bedeutet für ihn, die Interessen des wirklichen Lebens zu vertreten („Interessenvertretung") und nicht romantischem Subjektivismus, der Fantasie oder politischen Forderungen den Vorrang zu lassen (TA 4; S. 23, Z. 33 f.; S. 24, Z. 28 ff. u. Z. 41–44). Die Position, aus der heraus Fontane verfaßt, weist sie sehr er sich hin die „neuen", zeitgenössischen Literatur identifiziert. Sein pluralistisches „wir" als Personalpronomen unterstreicht dies ebenso wie die abschließende Vermenschlichung des Realismus, dessen Beschreibung der Aufsatz widmet, ohne dass die ästhetischen Konturen des Phänomens klar und detailliert dargelegt würden. Aus dem „wir" der Eingangspassage wird „der Realismus" schlechthin, der das Alte ruhen lässt und das Leben liebt, ohne die wenigen Blüten unter den Trümmern des halb vergessenen Jahrhunderts ganz zu vergessen. Die Vehemenz und Forciertheit des Aufsatzes im Inhalt und Sprache unterstreichen den programmatischen Charakter des Textes und machen ihn zu einem repräsentativen Zeitzeugnis. Die selbst verordnete Abgrenzung von der Literatur der ersten Jahrhunderthälfte und die Beschwörung einer neuen Zeit weisen jedoch auch hin auf Orientierungslosigkeit, Verunsicherung und Selbstbeschränkung auf das Gegebene, selbst wenn der allgemeine Sprachduktus etwas anderes, nämlich den Einzug des Frühlings, die Zeit des Blühens und der Blüte nach langer Vormärz-Dürre, evoziert.

Der Einzelne und die anderen (S. 26)

Immer Tochter der Luft (S. 26)

Der Name im Titel des Romans weist darauf hin, wessen Lebensgeschichte erzählt werden soll. Dies bestätigt die Gestaltung der Eröffnungsszene als „tableau vivant", als stillebenartige Szene, aus der sich eine Figur, nämlich Effi von Briest, herauslöst. Die rein beschreibende Präsentation des elterlichen Hauses wirkt sehr statisch. Alle im Aktiv stehenden Verben beziehen sich auf einen Gegenstand als Subjekt. Lediglich das im Passiv stehende „gewahr wurde" bezieht sich auf eine Person, allerdings auf einen nicht näher bestimmten Beobachter („man", S. 26, Z. 12).

Mit der allmählichen Konzentration des Erzählfokus auf die Titelfigur, ganz ihrem Charakter entsprechend als lebendige, bewegliche 16-Jährige eingeführt, steht also eine junge, in ihrer Unbeschwertheit äußerst sympathische Adlige im Zentrum der Aufmerksamkeit. Der grundsätzlich zurückhaltende Erzähler gibt seinen rein beobachtenden Beschreibungsstandpunkt punktuell auf, wenn er von Effis Erscheinungsbild auf allgemeinere Persönlichkeitsmerkmale wie „Übermut und Grazie", „natürliche Klugheit und viel Lebenslust und Herzensgüte" (S. 27, Z. 36 ff.) schließt. Die rasche Verlobung und bald darauffolgende Hochzeit setzen Effis Mädchenzeit ein abruptes Ende, ohne dass sie sich dessen bewusst wäre. Im Gespräch mit ihrer Mutter, zu der sie ihrer Persönlichkeit entsprechend ein offenes und herzliches Verhältnis hat, artikuliert sie ihre Erwartungen an die Ehe. Die Tatsache, dass es sich um eine arrangierte Verbindung mit Baron von Innstetten handelt, bereitet Effi keine Probleme, da diese Konventionsehe ganz ihrer adligen Herkunft und Erziehung entspricht, zumal auch die eigene Mutter eine ähnlich zustande gekommene Ehe lebt. „Zärtlichkeit und Liebe" rangieren nicht auf Effis Werteskala (S. 28, Z. 4) – auch ein Indiz für ihre realistisch-pragmatische Grundeinstellung angesichts der bevorstehenden Vermählung. Sie erwartet trotz seiner hohen gesellschaftlichen Stellung und des Altersunterschieds eine gleichberechtigte Stellung in der Beziehung, und damit ist der Konflikt natürlich schon vorprogrammiert, denn beides kann Innstetten auf Grund seiner Persönlichkeitsstruktur nicht geben. Ersatz dafür, „Reichtum und ein vornehmes Haus", bekommt Effi zwar, aber genau das reicht nicht aus.

An dritter Stelle der Werteskala kommt die rege Anteilnahme am öffentlichen Leben der gehobenen Schichten, die „Zerstreuung" (S. 28, Z. 13) – und auch diese wird sie in Hohen-Cremmen nicht von Innstetten und seinem Kreis erhalten, sondern von Major Crampas. Die Konflikte sind angelegt.

Effis Aussagen belegen eine gewisse Selbstkenntnis und entsprechen ihrer geselligen Natur. Ihre Liebeserklärung an Hohen-Cremmen deutet an, dass sich Effi sehr wohl Gedanken über Innstetten als Mensch und Lebenspartner macht und sich fragt, ob sie zusammen glücklich sein können. Auf einer tieferen, emotionalen Ebene, so offenbart diese Passage, antizipiert sie grundsätzliche Differenzen zwischen sich und dem mehr als 20 Jahre älteren Landrat, von dem sie hat sagen hören, er sei ein „Mann von Charakter" (S. 29, Z. 49), von Prinzipien, ja von Grundsätzen. Innstettens Prinzipien und Grundsätze, so ahnt sie, stehen im absoluten Widerspruch zu ihrem Selbstbild und der zutreffenden Selbsteinschätzung als ungestüme und risikofreudige Grenzgängerin (vgl. S. 28, Z. 29 ff.). Das elterliche Zuhause und das uneingeschränkte Glücksgefühl, das sie mit ihrer Kindheit und Jugend dort assoziiert, wird angesichts der Veränderungen und dem Ungewissen des nun vor ihr aufbauenden Lebens an der Seite eines Mannes, den sie kaum kennt, noch wertvoller. Effis Affäre mit Crampas, die im Roman nur angedeutet wird, ist die fast logische Konsequenz von Innstettens Verhalten und Effis Erwartungen. Der 20 Jahre ältere Mann lebt sein bisheriges Leben weiter, geht seiner Arbeit nach, verbringt seine Zeit zu Hause mit Lesen, Effi vermisst seine Eltern und Hohen-Cremmen, findet keine neuen Freunde und fühlt sich vernachlässigt vom Gatten, sodass sie aus Langeweile und mangelnder Selbstdisziplin in eine Beziehung mit Crampas gerät, der sich wie sie in Kessin nicht wohlfühlt. Innstettens Versetzung nach Berlin bedeutet das schnelle und schmerzlose Ende dieser Liaison. Statt sich uneingeschränkt auf einen Neuanfang in Berlin zu freuen, analysiert Effi die Folgen ihres Tuns in der ihr eigenen offenen Art im inneren Monolog. Bei ihrer Innenschau gesteht sie sich ein, dass die eingangs festgestellte „Schuld auf [ihrer] Seele" (S. 29, Z. 3) eigentlich eher Angst vor Entdeckung und „Scham über [ihr] Lügenspiel" (S. 29, Z. 14). Diese Einsicht erschreckt sie umso mehr, als sie glaubt, nicht „das richtige Gefühl" (S. 29, Z. 18) zu haben und deshalb – in Erinnerung an Merksätze für Kinder – böse Mächten ausgeliefert zu sein. Diese bittere Isolationserfahrung wird noch verstärkt durch den ihr klar bewusst werdenden Verlust der Unschuld („Lügen ist so gemein...", S. 29, Z. 11–14).

Ein Mann von Prinzipien (S. 30)

Mit dem Fund der drei Liebesbriefe rückt Innstetten in den Mittelpunkt des erzählerischen Interesses. Effis Konflikt mit der Rolle als Ehefrau, die nur durch die beruflichen Erfolge des Gatten zu Ansehen und gesellschaftlich gelangen kann, ihr durch die Konventionelle und das Leben in der Provinz behindertes Ausleben der eigenen lebhaften und offenen Persönlichkeit, könnte bis hierher als ein individuelles Problem erscheinen, besonders für Frauen ihrer Herkunft relevant. Als Innstetten die Briefe findet, hat er Ersatz dafür. Doch nun findet sich ein Innstetten, der wesentlich ältere, etablierte preußische Beamte, in einem Zwiespalt zwischen persönlichen Gefühlen und sozialen Zwängen.

Das Männergespräch ist von großer Wichtigkeit, da an dieser Schlüsselstelle die beiden Bereiche Individuum und Gesellschaft, in deren Spannungsfeld der gesamte Roman thematisch angesiedelt ist, offen aufeinanderprallen. Die besonders in Offizierskreisen im 19. Jh. noch übliche Forderung zum Duell bei Ehrverletzungen, die das öffentliche Gesetz nicht anhebe, wird kritisch hinterfragt. Als unmenschlicher und rudimentärer Bereiche nicht anhebe, wird kritisch hinterfragt mit ihm (und der Autor) sehr bedeckt, was die wertende Einordnung des Gesagten betrifft. Doch Innstettens wiederkehrende Zweifel nach der Tat und Effis Vorwurf des Mordes nach dem Besuch der Tochter können als deutliche Kritik Fontanes an einem überkommenen, sinnentleerten Ehrenritual verstanden werden.

Das Gespräch selbst zeichnet sich durch eine klare Zweiteilung aus: In der ersten Hälfte ist es Wüllersdorf, der durch seine Frage nach der Notwendigkeit eines Duells angesichts der vergangenen sechseinhalb Jahre des privat-persönlichen Ebene des Ehebruchs beleuchtet. Innstetten gesteht, dass er sich verletzt und hintergangen fühle, aber nicht nach Rache dürste, dass er Effi liebe und zum Verzeihen geneigt wäre (vgl. S. 31, Z. 45–56). Sein „Weil es trotzdem sein muss" (S. 31, Z. 63) ist ein Bekenntnis zu tradierten, verpflichtenden Konventionen im Umgang miteinander. Als Teil der Regeln und Paragrafen, die das allgemeine Zusammenleben von Menschen organisieren, hat sich der Einzelne diesem verbindlichen, als gesellschaftlicher Konsens akzeptierten Ganzen unterzuordnen. Verstöße werden mit Verstoßung geahndet (vgl. S. 31, Z. 63–79). Im-

LÖSUNGSHINWEISE

dass Meyer gerade dieses Gedicht in über zwanzig Jahren sechsmal verändert hat. Es muss ihm also überaus viel bedeutet haben. Und seine Bearbeitungen lassen erkennen, dass es ihm zunehmend auf die Endgültigkeit des Gegenstands ankam. Die allererste Fassung (*Rom: Springquell*) ist der endgültigen erstaunlicherweise wesentlich näher als eine zwischenzeitliche von 1865 (*Der Brunnen*). Nicht der Brunnen ist das Entscheidende – so verwirrend das klingen mag –, sondern die von ihm ausgehende Faszination, seine Botschaft, die Vereinigung von Bleibendem und Veränderung, der Dauer im Wechsel, wie Goethe dies in einem Gedicht einige Jahrzehnte zuvor formuliert hat. Diese Marmor gewordene Kunst in Sprache zu fassen war sein Bemühen. All dies ist typisch für ein *Dinggedicht*. Dieser Fachbegriff wird – sehr vereinfacht gesagt – im Allgemeinen verwendet für ein Gedicht über einen Gegenstand, das ein Spannungsfeld öffnet zwischen realistischer und symbolischer Darstellung ebendieses Gegenstands.

Die Schlussfassung verändert übrigens über zehn Jahre früher entstandene Fassung scheinbar nur unwesentlich. Eine 1870 entstandene Version lautet folgendermaßen:

Der Springquell plätschert und ergießt
Sich in der Marmorschale Grund,
Die, sich verschleiernd, überfließt
In einer zweiten Schale Rund;

Und diese gibt, sie wird zu reich,
Der dritten wallend ihre Flut,
Und jede nimmt und gibt zugleich,
Und alles strömt, und alles ruht.

Zwei Veränderungen fallen insbesondere auf: der Verzicht auf eine Einteilung in Strophen, die das Fließende des dargestellten Vorgangs unterbrechen würde, und die Verkürzung des letzten Verses, die etwas Überzeitliches, Weiterweisendes hat und die sich von dem Gedicht löst.

Theodor Fontane, Die Brück' am Tay (S. 20)

Die Ballade als lyrische Form bemüht sich um eine möglichst effektvolle Präsentation erzählter Geschichte – so auch Fontanes „Die Brück' am Tay", die unmittelbar Bezug nimmt auf den Einsturz der als Meisterwerk der modernen Ingenieurskünste gefeierten Eisenbahnbrücke über den Firth of Tay südlich des schottischen Dundee in einer stürmischen Dezembernacht 1879. Die Nachricht von dem Einsturz der Brücke mit in die Tiefe gerissenen Personenzug ging um die Welt. Einerseits ganz der Gegenwart, dem Zeitalter der Maschine und Technik, verpflichtet, thematisiert Fontane ein Eisenbahnunglück, das selbst Textebene konkret verortet und auch zeitlich festgelegt werden kann. Andererseits beginnt und endet die Ballade mit den Stimmen der drei körperlosen Sturmhexen, die die fünf Binnenstrophen einrahmen und dem historisch-realen Ereignis eine romantisch-geisterhafte, naturmagische Dimension geben. Die Brücke als Symbol für die Verbindung von menschlichen Ambitionen und natürlichen Gegebenheiten wird zerstört, die Naturkräfte überwinden den Menschen und die von ihm geschaffene Technik und verweisen ihn somit in seine Schranken, unterstützt vom leitmotivisch eingesetzten „Tand, Tand/Ist das Gebilde von Men-

schenhand" (S. 21, Z. 15 f., S. 22, Z. 67 f.). Umgeben von den fetzenhaften elliptischen Wechselgesängen vergegenwärtigt das Geschehen sich dicht in lang aufgebauten Sätzen und regelmäßigen Strophen die Augenblicke vor und nach dem Unglück, das die in Gestalt von Hexen auftretenden Naturgewalten inszenieren und beobachten.

Viel Dynamik kommt dabei durch die narrativen und dramatischen Teile der Ballade auf, die wörtliche Rede nicht nur des „Zugs" (Z. 23 f.), sondern auch vom Brückner (Z. 25–32) und von Johnie (Z. 35–48). Hinzu kommen Passagen mit Intensität der Brückenherstürze, die die Situation aktuell erleben und kommentieren. Der Tempuswechsel zum Präteritum („Denn wütender wurde der Winde Spiel", Z. 53) zeigt diese Veränderung der Perspektive – gerade auch in Verbindung mit dem persönlichen „jetzt" (Z. 54).

Inhaltlich wird mit dem Hoffen und Bangen der Eltern die stolze Zuversicht des Sohnes Johnie entgegengesetzt, der sich auf die Kessel der Maschine verlässt im „Kampf" gegen das „Element" (S. 21, Z. 38, u. Z. 40). Die ausgesprochen kurze Erwähnung des eigentlichen Unglücks (S. 22, Z. 54–56) überlässt die Reaktion und Bewertung völlig dem Leser. Die Ballade bricht hier ab, es erscheinen wieder die Sturmgeister.

Die Naturgewalten reagieren mit Zorn auf den hochmütigen Versuch, sie zu bezwingen, indem sie ihre Macht in einem die Episode umfassenden apokalyptischen Szenario exemplarisch demonstrieren. Aus der Sicht der Elemente ist der Brückeneinsturz gerechte Strafe für den schuldig gewordenen, anmaßenden Menschen, aus der Sicht der Menschen eine schreckliche Katastrophe. Interessant ist, dass die Wetterhexen sich bereits unmittelbar nach dem Unglück wieder verabreden – wohl, um neuerliche menschliche Anmaßung zu sühnen.

Theodor Fontane, Unsere lyrische und epische Poesie seit 1848 (S. 23)

(Lösungen zu S. 25:)

Textinhalt (TI):
1. f 2. f 3. f 4. f 5. r 6. f 7. f 8. f

Textabsicht (TA):
1. r 2. f 3. f 4. f 5. r 6. f

Bereits einleitend distanziert sich Fontane explizit von einem rückwärtsgewandten Literaturverständnis, ohne mit jeglicher Kunstproduktion vor 1848 zu brechen (TI 8: S. 23, Z. 32, S. 24, Z. 11 f.), und betont, dass sich unter der Vielzahl zeitgenössischer Produktionen auch vielversprechende Werke befinden, die den Ruhm der Gegenwartsliteratur mit begründen (werden) (TI 1: S. 23, Z. 10 f.) (TA 1: S. 23, Z. 10–16 u. S. 23, Z. 33–36, S. 24, Z. 30 f.) Diese Einschätzung, die im ersten Absatz mit Hilfe einer Pflanzenmetaphorik (Blüte 4, x, Keim, Wurzel, Unkraut) eher bildlich als argumentativ ausgestaltet wird, zieht sich durch den gesamten Aufsatz (TA 5: S. 23, Z. 11–16 u. Z. 31–36).

Als Schlüssel zum Zeitverständnis sieht Fontane den Realismus, der in alle Lebensbereiche, besonders aber auf dem Gebiet der Kunst, Einzug gehalten hat und neue, nahe liegende und relevante Betätigungsfelder bietet (die „frische grüne Weide") (TI 2: S. 23, Z. 17–24) (TI 7: S. 23, Z. 23 u. Z. 31–36, S. 24, Z. 21–30). Nach der Beschreibung der Wende im allgemeinen Selbstverständnis der Zeit, die mit Beispielen aus dem öffentlichen Leben illustriert wird, fügt Fontane eine

analoge Gegenüberstellung vom Ehemaligen und Jetzigen in der Kunst an. Die im Laufe des Textes in Variationen wiederkehrenden inhaltlichen Attribute, die Fontane jeweils für die Kunst der Jahrzehnte vor 1848 („krank", „unnatürlich", „geschraubt", „blühender Unsinn", „verlogen", „sentimental", „gedankenloser Bilderwust") und für die zeitgenössische Literatur („wieder genesen", „falls lebensfähig", „Lessings schönen noch unterrichten Realismus", findet, sprechen in ihrer Bildlichkeit für sich (TI 3: S. 23, Z. 28 – „notwendig", „ehrlich") (TI 3: S. 23, Z. 33–36, S. 24, Z. 5–10 u. 21–30). Bei aller Kontrastierung, die sich in der zweiten Hälfte des Textauszuges wiederholt, geht es neben dem Plädoyer für die Kunst der eigenen Zeit vor allem um die Abrechnung mit der vorherigen, und das auf recht subjektiv-plakative Weise.

Fontanes spontane und eingängige Sprache sowie der lockere Fluss seiner Gedanken täuschen leicht über den hypothetischen Charakter seiner Aussagen hinweg. Wünschen und ein demonstrativer Blick nach vorne sprechen ebenso aus seinen Worten wie ein undifferenzierter Umgang mit der Vielfalt der völlig unterschiedlichen literarischen Erscheinungen der ersten Jahrhunderthälfte. Die selbst verordnete Abkehr vom unmittelbar Vergangenen ist die Konsequenz einer weit verbreiteten Sicht auf die Ereignisse 1848: Alle besonders im mittleren Bürgertum vorhandenen Hoffnungen auf Veränderung haben mit dem Scheitern der Revolution in eine emotionale, ideologische und künstlerische Sackgasse geführt. Und wenn Fontane 1853 „kühn" der Kunst einen neuen Weg weisen will, hat das mehr mit Ungewissheit über den eigenen künstlerischen und politischen Standort zu tun als mit dem Anbruch einer neuen Zeit. Bezeichnend in diesem Sinne sind die polemischen, den Text dominierenden Negativbestimmungen, in denen Fontane darlegt, was Realismus nicht ist, vor allem nicht unbearbeiteter Wirklichkeit. In seinem Bild des Künstlers als Gesteinhauer, dem allein es gegeben ist, im rohen Stein ein wahres Kunstwerk zu sehen und zu erschaffen, beschwört er ein tief romantisches Kunst- und Künstlerverständnis, obgleich an anderen Stellen besonders harsch mit der Romantik abgerechnet wird.

Positiv am Realismus ist seine Beschränkung auf das wirklich Gegebene, das im Alltag Erfahrbare, ausgegrenzt wird das Spekulative, „Materielle" fällt als Stichwort als Hinweis auf die faktenbezogene Empirie, die Themen und Stoffe liefern soll, die dann jedoch durch Künstlerhand bearbeitet werden und somit repräsentativer Teil des Ganzen bleiben. „Läuterung" nennt Fontane diesen Vorgang, ausgerichtet auf eine konkrete didaktische Wirkungsabsicht hinweise (TI 5: S. 24, Z. 10–18). In späteren Arbeiten ersetzt er diesen Begriff durch „Verklärung", der zu einem Zentralbegriff der Ästhetik des Realismus wird. Eben nicht neutrale, wertfreie Bestandsaufnahme (TI 4: S. 24, Z. 3) (TI 6: S. 24, Z. 3–10), sondern Poetisierung und damit Erhöhung der Wirklichkeit wird gefordert, auch eine romantische Problembewältigungsstrategie. Dort war es eine als profan und entzaubert empfundene Wirklichkeit, die durch Poetisierung wieder in ein neues, geheimnisvolles Licht getaucht werden sollte, hier postuliert Fontane an der Schlüsselstelle seines Aufsatzes, dass die „Wirklichkeit" und das „Wahre" jenseits der

Die literarischen Aktivitäten des Kaufmanns werden mit seinen merkantilen parallelisiert. Die potenziellen Motive sollen für Aufsehen sorgen: publikumswirksame Effekte ausgeschlachtet werden, das Mädchen vom Lande wird für ihr Modellstehen entlohnt. Nicht ausgehend von einem Erlebnis oder einer Inspiration will sich Störtele der erbeuteten Wirklichkeitsfetzen bedienen, sondern er meint, dass diese allein aus sich heraus sinnstiftend sind. Keller reduziert damit das Schreiben auf einen rein mechanischen Prozess ohne allgemein gültigen, tieferen Sinn. Sichtbar wird diese Reduktion z. B. an der eindeutigen Geste, mit der das einfache Mädchen vom Lande Störteles Schreiben kommentiert, nachdem sie gesehen hat, dass ihr keine Gefahr droht. Dieser Kommentar dürfte auch dem zeitgenössischen Leser aus der Seele gesprochen haben. Auch hier wird deutlich, dass realistische Schreibweise einen Hintergrund, einen Kontext braucht, um nicht zur flachen Folie zu verblassen.

Theodor Storm, Meeresstrand (S. 15)

Der letzte Vers von Storms Gedicht "Juli" lautet: "Junge Frau, was sinnst du nur?" Damit wird das Reifen und Fruchtbringen, das Storm in der Natur beobachtet, auf den Menschen (die junge Frau) übertragen. Geht man von der Konnotation "Schwangerschaft" aus, so stellt man fest, dass dieses Bild in jedem Vers gestützt wird. Im ersten Vers ist vom "Wiegenlied" die Rede. Die Sonne schaut im zweiten Vers warm hernieder wie eine Mutter auf ihr Kind. Ähre und Beere sind reif wie eine Frau kurz vor der Geburt, deren Bewegungen schwerfällig werden, wenn sie gesegneten oder schweren Leibes ist.

Storm hält es für richtig, sich bei der Dichtung von der Stimmung des Moments beherrschen zu lassen (S. 16, Z. 5 f., Z. 11). Daraus aber ein Kunstwerk wird, muss der Dichter die Situation gestalten und ihr seinen eigenen prägenden Stempel aufdrücken (2. Text, Z. 6 f.). Der Leser muss den Text zuerst emotional nachempfinden können: eine rationale Durchdringung des Gedichtes ergibt sich dann von selbst (2. Text, Z. 3). Die sinnliche Wirkung erzielt ein Text nur dann, wenn er in der Fantasie und dem "Gemüt" des Dichters entstanden ist und dadurch "Wärme" und "Farbe" erhalten hat (vgl. 2. Text, Z. 6 f.). Dies überrascht zunächst, da es dem, was man gemeinhin unter "realistisch" versteht, zu widersprechen scheint. Aber dieser Widerspruch löst sich auf, wenn man sich vergegenwärtigt, dass derlei Elemente eben auch zu einer wirklich realistischen, dem Menschen entsprechenden Gesamtsicht gehören.

Auffällig an Storms Gedicht "Meeresstrand" ist die klare Konzeption, die mit dem volksliedhaft-schlichten Ton und der hypotaktisch gegliederten Syntax korrespondiert. Seine Sprache und Bilder sind eingängig, sein Titel verweist genau auf das, was beschrieben wird: den Meeresstrand. Durch die klare Verortung bereits in der ersten Zeile, die durch weitere Verweise in den ersten beiden Strophen unterstützt wird, prägt den Gedichtauftakt ein hoher Anschaulichkeitsgrad. Dieses objektiv-konkrete Bild wird im Laufe der vier Strophen nicht demontiert, sondern um eine weitere Dimension erweitert, deren existenzieller Ort bereits in der ersten Strophe umschrieben wird. Die semantisch ganz eng verbundenen Substanti-

ve "Haff" und "Watten", die auch den Titel noch einmal einbinden, sowie "Dämmerung" und "Abendschein" verweisen auf einen Übergang (zwischen Land und Meer bzw. zwischen Tag und Nacht), eine Art Zwischenwelt, in der nicht die "Möwe", sondern unspezifischeres "Graues Geflügel huschet" (Z. 5). Mit dem Vergleich "Wie Träume liegen die Inseln/ Im Nebel auf dem Meer" (Z. 7 f.) verliert die äußere Objektwelt an Konkretheit, trotz der beiden gegensteuernden Präpositionen. Erst nach diesem Bezug zum seelischen Innenraum ("Träume") folgt die Einführung eines empfindenden "Ichs" zum Auftakt der dritten Strophe. Den Übergängen der Eingangsstrophe folgt hier zur Gedichtmitte ein weiterer, der vom eher objektiven Sehen zum wesentlich subjektiveren Hören. Bei geschärfter Wahrnehmung werden dem lyrischen Ich Töne zugetragen, die "immer schon" (Z. 12) da waren (Tempuswechsel). Eine spirituelle Dimension der Natur, aber auch der Mensch angehört, ist unbestimmt erahnbar. Wie Träume, die als Stimmen des Unbewussten aus dem Inneren des Menschen hochsteigen, "werden die Stimmen. Die über der Tiefe sind" (Z. 15 f.) in besonderen Momenten vernehmbar. Die Tiefe an sich hat etwas Bedrohliches ("gärenden Schlammes"), die Stimmen über ihr jedoch vermitteln dem empfindenden Ich etwas Geheimnisvoll-Verborgenes.

Es bleibt offen, was diese Stimmen, die im Übergangsbereich (zwischen Tag und Nacht, Land und Meer, Leben und Tod) angesiedelt sind, offenbaren. Die Öffnung und der Verweis auf etwas Immaterielles am Ende des Gedichts lösen die anfangs sehr realistisch-anschauliche Landschaftsbeschreibung ab, ohne sie in ihrer Gegenwart und Gegenständlichkeit aufzulösen. Auch verweist das Erlebnis, das Storm als Ausgangspunkt lyrischen Arbeitens fordert, auf "den allgemein gültigen Inhalt" (1. Text, S. 16, Z. 4), wie Storm formuliert. Die lyrische Situation ist von einer erlebten Stimmung gezeichnet. Bei Storm ist für diese Stimmung meist eine Trauer, Unruhe oder Verstörung.

Conrad Ferdinand Meyer, Der römische Brunnen (S. 18)

Den Anstoß zu seinem wohl berühmtesten Gedicht erhielt Meyer schon im Jahre 1858 im Rahmen eines Rom-Aufenthaltes in der Villa Borghese. Dort entdeckte er einen Brunnen, der dem hier abgebildeten (ebenfalls aus der Villa Borghese) sehr geähnelt haben dürfte. Mit seinem Gedicht verlässt Meyer thematisch den zeitgenössischen Alltag. Individuelle Erfahrungen werden objektiviert, indem sie im Gebilde vergegenständlicht werden. Der römische Brunnen wird bildhaft-anschaulich beschrieben, ohne dass ein lyrisches Ich, das eine persönliche subjektive Ebene in die Beschreibung einbringen könnte, anwesend wäre.

Meyer beschreibt einen Renaissancebrunnen aus drei Marmorschalen, deren oberste von einer Fontäne übertragen wird, die ihr das Wasser gibt. In der letzten Fassung (mit dem Titel *Der römische Brunnen*) werden jeder Ebene, von oben nach unten betrachtet, zwei Verse zugeordnet, wobei jeweils ein Vers den Übergang zwischen zwei Ebenen darstellt. Der kräftige, mit Inversion hervorgehobene Strahl der Fontäne ergießt sich – durch ein Enjambement veranschaulicht – im zweiten Vers in die oberste Schale. Diese fließt sprachlich auch wieder am Versende – in die zweite Schale (Vers 4). Und wieder "gibt" diese, im fünften Vers, der "dritten wallend ihre Flut." Nun muss natürlich auch die Fontäne gespeist werden, und auch diese Verbindung von der dritten Schale in die oberste Ebene wird sprachlich nachvollzogen, und zwar durch den Binnenreim "fallend" und "wallend", der beide Teile verbindet (Verse 1 und 6). Die nächsten beiden Verse liegen gewissermaßen auf einer anderen Ebene. Sie sind reflektierender Natur und gehen über das rein Dargestellte hinaus. Sie betonen den Brunnen mit seinem ununterbrochenen Geben und Nehmen, mit seiner Dynamik in der Statik des immer Gleichen und doch sich Verändernden, dem Strömen und Ruhen (V. 8). Das ganze Gedicht besteht aus einem Satz, wie auch der Lauf des Wassers ja nicht unterbrochen sein kann. Dieser innere Zusammenhang des Ganzen wird auch durch den Kreuzreim (verschränkten Reim) noch zusätzlich betont.

Gerade diese beiden letzten Verse heben das Gedicht über eine bloße Darstellung von Gegenständlichem hinaus. Es beschreibt nicht nur etwas, es bedeutet auch etwas. Hier kommt nun nicht mehr nur die gegenständliche Sicht, sondern auch die symbolische, nicht mehr ausdeutbare, hinzu. In diesem Zusammenhang ist sicher von Bedeutung, dass der Brunnen aus Rom, der Stadt der Kunst, stammt. Und es ist auch kein Zufall,

REALISMUS

ARBEITSHEFT ZUR LITERATURGESCHICHTE

LÖSUNGSHINWEISE

Basiskapitel: „Widerspiegelung alles wirklichen Lebens" (S. 7)

Gustav Freytag: Soll und Haben (S. 8)

„Der Roman soll das deutsche Volk da suchen, wo es in seiner Tüchtigkeit zu finden ist, nämlich bei seiner Arbeit." Diesen Satz von Julian Schmidt stellt Gustav Freytag seinem Roman Soll und Haben nicht ohne hintergründige Absicht voran. Der Satz ist Programm für eine Gesellschaft, in der das merkantile Element mehr Bedeutung hatte als je zuvor, eine Gesellschaft, die geprägt ist von Bilanzen und wirtschaftlicher Entwicklung, von einer Ethik der Buchführung.

Die in der Romananfang dargestellten Personen folgen selbstverständlich den auf Seite 8 genannten Grundlagen realistischer Schreibweise, gehen aber insofern noch darüber hinaus, als sie eine unverkennbar ironische Tonart anschlagen. Die Personen werden einerseits „realistisch" dargestellt, andererseits in ihrer Realität aber karikaturistisch überzeichnet. Es mischt sich gewissermaßen ein schmunzelnder Erzähler ein, der nicht fotografisch abbildet, sondern durchaus werdend zeichnet. Exemplarisch sei dabei nur auf den letzten Satz des Ausschnittes verwiesen. Wenn Anton den Sohn einer unantastbaren Respektsperson „durchprügelt", und das „auf offener Straße", dann ist dies nicht nur im wörtlichen Sinn eine verwerfliche „Untat", sondern es hängt daran gar eine ganze Portion Seelenheil, denn mit der Betätigung seiner Fäuste „hämmert" Anton „seine Aussichten auf das Himmelreich" bereits als Kind „in die Ferne". Letztere wird jedoch erstaunlicherweise als „behaglich" beschrieben. Dies zeigt, dass Antons Vorgehen ihm die Möglichkeit eröffnet, nun nach Herzenslust leben zu können, weil ihm die Aussicht aufs Himmelreich ohnehin schon verbaut ist.

Wilhelm Raabe: Die Chronik der Sperlingsgasse (S. 10)

Mit dem Abdruck einer Fotografie der „wahren" Sperlingsgasse/Spreegasse geht es Raabe um die Verortung seiner „Chronik" im Berlin der 50er-Jahre bzw. der zweiten Hälfte des 19. Jahrhunderts, die eben kein systematisch-logischer Bericht geschichtlicher Abläufe ist. Das Foto dokumentiert nebenschen Opponenten, denen das Wesentliche

der tatsächlich existierenden Lokalität auch die Beziehung zur Biografie des Autors und öffnet den Lesern eine Bezugsdimension, die außerhalb der im Roman aufgebauten fiktionalen Welt liegt. Diese von Raabe bewusst eingesetzte Spielerei mit Text- und Orientierungsebenen entspricht der generellen Vielschichtigkeit des Romans, der sich der chronologischen Anordnung lediglich zum Aufbau bedient, um die Tagesereignisse als Anlass für Tagträumereien und zum Schwelgen in Erinnerungen zu nutzen. Auch der unbefangene Umgang mit traditionellen Textformen wie dem Märchen passt in dieses Konzept. Die Katze Miez und der Hund Bello sind die ausführlich eingeführten Gegenspieler im Disput vor dem Küchenschrank, der in der Küche des Erzählers Wachholder „stand und steht" (Z. 2/3). Die Territorialkämpfe vor dem Schrank stehen vor der Eskalation, als „auf einmal ..." (Z. 61) die Stimmen der Mäuse aus dem Schrank heraus vernehmbar sind. Es folgt ein weiterer verbaler Schlagabtausch (Z. 64–68), bevor das Auftauchen Marthas, der Herrin der Küche, dem Ganzen ein sofortiges, unspektakuläres Ende bereitet. Das „Märchen", durch die Eröffnungsformel „Es war einmal ..." und die sprechenden Tiere zunächst einmal als solches gekennzeichnet, verstößt am Ende gegen die Lesererwartungen: Der breit angelegte Konflikt zwischen Katze und Hund – mit verzögernden, spannungserzeugenden Elementen versehen – verläuft sich schnell im Leeren: die Bösen werden ebenso wenig bestraft, wie die Guten belohnt werden, wobei eine solche Zuordnung hier schwerfiele. Fantastische, wunderbare oder unrealistische Momente spielen keine Rolle; der dargestellte Disput ist alltäglicher Natur, die Protagonisten Alltagsgegenstände und Haustiere. „Wenn zwei sich streiten, freut sich der Dritte – so könnte die Moral der märchenhaften Passage lauten. Unter Berücksichtigung des Anhangs (Z. 72–84) eröffnet sich jedoch eine weitere Dimension. Die wenig produktive Wortgefechte zwischen Katze und Hund, zwischen „zwei sehr wichtigen und angesehenen Personen" (Z. 5), während die eifrigen, namenlosen Mäuse sich schon längst Zugang zu dem begehrten Vorrat verschafft haben, erscheinen als zeitlose Analogie auf ineffektive politische Debatten zwi-

Gottfried Keller: Die missbrauchten Liebesbriefe (S. 13)

Keller betont die Wichtigkeit des persönlichen Gleichgewichts für die „Funktionstüchtigkeit" eines Individuums im gesellschaftlichen Kontext. Obwohl er den sozialen Verhältnissen Einfluss auf den Lebensweg des Einzelnen zugesteht, will er in seinem „Grünen Heinrich" eher die innerpsychische Realität beleuchten. Damit grenzt er sich gegen aktuelle Tendenzen (Sozialismus) ab und stellt sich in die Tradition des Bildungsromans. Der sittlich-moralischen Ebene wird durch konsequente Integration von ausschließlich eigenen Erfahrungen des Autors ihre Abstraktheit genommen.

Dass eine höhere Sinnebene, eine künstlerische Vision jedoch vorhanden sein muss, macht Kellers Parodie auf den übertriebenen Detailrealismus des dilettantischen Kaufmanns in der Erzählung Die missbrauchten Liebesbriefe deutlich. Realismus ist, wie Julian Schmidt formuliert, künstlerisches Mittel, aber nicht alleiniges Ziel. Ohne Kontext und Darstellungsabsicht bleiben die lupengenauen Nahaufnahmen zufällige und willkürliche Ausschnitte, die sich zwar bedeutungsschwanger geben, letztlich aber banal und unwesentlich bleiben, weil ihnen jeder ernsthafte Verweischarakter auf eine hinter den empirischen Tatsachen liegende Wahrheit abgeht.

entgeht. Wirkliche Autorität hat in der Marchenpassage Martha, die die Schlüsselgewalt besitzt und deren Ab- und Anwesenheit das Märchen rahmt. In ihrer Allgemeingültigkeit weist die Geschichte Parallelen zur Fabel auf. Realistisch ist die Konkretisierung des Geschehens („draußen in unserer Küche", Z. 3), die Einbeziehung von Tieren aus den Nachbarhäusern in die Bettgeschichte für ein fieberndes Kind, aber auch sich. Der Wunsch (der Schrank möge sich öffnen) und das Ziel (der weggeschlossene Braten) bleiben unerreichbar – der Schlüssel zum Schrank und damit zum Glück wird den beiden Kontrahenten trotz Märchenform nicht geliefert. Wie nahe Poesie und Wirklichkeit zusammenliegen, zeigt sich hier, wo die märchenhaften Züge auf eine andere Wirklichkeit zu verweisen scheinen, in der jedoch, wie sich herausstellt, die gleichen Regeln herrschen wie im Alltag.

Cornelsen